A Dio sia tutta la Gloria.

Prego che Dio benedica su di te mentre studi il materiale. Possa Egli aprire la tua mente per ricevere queste informazioni e vivere in base ad esse.

Andrea

Guida allo studio: Giacomo

Serie di studi biblici sulle parole antiche

Andrew J. Lamont-Turner

Published by Andrew J. Lamont-Turner, 2024.

GUIDA ALLO STUDIO: GIACOMO

First edition. August 5, 2024.

Copyright © 2024 Andrew J. Lamont-Turner.

ISBN: 979-8227478740

Written by Andrew J. Lamont-Turner.

Sommario

Diritto d'autore 1

Prefazione 2

Introduzione a questo studio 3

scrittore 5

Scopo 6

Data di scrittura 7

Pubblico 8

Luogo di scrittura 9

Caratteristiche speciali 10

Comprendere il Libro di Giacomo 12

Contorno... 15

Temi teologici 16

Giacomo Capitolo 1:1-27 18

del libro di Giacomo 95

PARTE 3: Metti alla prova le tue conoscenze 97

Bibliografia 103

Guida alle risposte 105

Diritto d'autore

Guida allo studio: James

Studio versetto per versetto del libro biblico di Giacomo
Copyright Andrew J. Lamont-Turner 2024
Prima edizione: 2024

Le citazioni delle Scritture, se non diversamente specificato, sono tratte dalla Bibbia inglese contemporanea grammaticalmente corretta del Seminario teologico del Nuovo Patto®, Copyright © 2023 del Seminario teologico del Nuovo Patto. Utilizzato su licenza.

I riferimenti scritturali contrassegnati WEB sono stati presi dalla Bibbia inglese mondiale. Dominio pubblico.

L'autore utilizza Google Translate per tradurre questo studio in varie lingue, con l'inglese come lingua originale.

Design della copertina di AJ Lamont-Turner
Fotografia di
Fotografia di Jess Du Toit
jessejdt@gmail.com

Prefazione

Il Libro di Giacomo è un'opera unica e significativa all'interno del Nuovo Testamento, che offre saggezza senza tempo e guida pratica per i credenti di tutte le generazioni. Essendo un'epistola profondamente rispettata, Giacomo si distingue per il suo approccio chiaro e diretto alla vita cristiana, affrontando aspetti fondamentali della fede, della moralità e della condotta. Questo studio cerca di approfondire il ricco arazzo di insegnamenti presentati in Giacomo, esplorandone la rilevanza e l'applicazione per i cristiani contemporanei.

Giacomo, spesso definito i "Proverbi del Nuovo Testamento", presenta esortazioni che sottolineano la necessità di vivere la propria fede in modi tangibili. Sfida i credenti a esaminare l'autenticità della loro fede attraverso le loro azioni, insistendo sul fatto che la fede genuina è dimostrata dalle opere. Questa epistola è particolarmente toccante nel suo appello all'integrità, alla pazienza, all'umiltà e al rifiuto della parzialità all'interno della comunità cristiana.

In questo libro viaggeremo attraverso i cinque capitoli di James, analizzando i suoi messaggi significativi ed esplorando come si applicano alle questioni moderne. Giacomo fornisce una guida completa per la trasformazione personale e comunitaria, dalle prove e dalle tribolazioni che mettono alla prova la nostra fede, al potere della preghiera e ai pericoli della lingua.

Questo studio mira non solo a evidenziare la saggezza pratica di Giacomo, ma anche a incoraggiare una comprensione più profonda delle basi teologiche dei suoi insegnamenti. Esaminando il contesto storico, il pubblico a cui è rivolto e i temi generali, i lettori acquisiranno una visione più olistica dello scopo dell'epistola e del suo significato duraturo.

Il Libro di Giacomo parla ai credenti con la stessa forza con cui parlava al suo pubblico originale oggi. In un mondo di sfide e distrazioni, Giacomo ci richiama a una fede vissuta con sincerità e azione. Ci ricorda che il nostro viaggio di fede non riguarda semplicemente la pietà personale, ma anche l'impatto sul nostro mondo attraverso una vita retta e un servizio compassionevole.

Spero che questo libro ispiri e fornisca ai lettori gli strumenti per incarnare i principi esposti in James, promuovendo una fede vibrante, attiva e trasformatrice. Possa noi, come Giacomo, essere operatori della parola e non solo uditori, e possa la nostra vita riflettere la significativa verità della nostra fede in ogni aspetto.

In Cristo,

Andrea

Introduzione a questo studio

Questo studio comprende domande basate sui vari versetti della Scrittura tratti dal Libro di Daniele.

La parte 1 di questo studio esplora le informazioni di base del libro, ad esempio chi lo ha scritto, quando, a chi, perché e altri aspetti del libro.

La parte 2 evidenzia versetti del libro che attirano particolare attenzione su principi specifici contenuti nel Libro di Daniele.

La parte 3 è lo studio versetto per versetto che richiede al lettore di completare le domande e i compiti alla fine di ogni capitolo. Se ciò viene fatto in un ambiente di gruppo cellulare, queste risposte dovrebbero essere discusse all'interno del gruppo.

Dopo che tutti i capitoli sono stati studiati, ci sono domande vero, falso e a scelta multipla per testare la tua conoscenza di questo libro.

Supponiamo che tu stia utilizzando la versione ebook di questo studio. In tal caso è consigliabile avere a portata di mano un quaderno su cui annotare le risposte alle domande. Potrebbe anche essere necessario spazio aggiuntivo per elaborare le domande di conoscenza del test.

Rispondere alle domande non è una gara. Un'attenta riflessione dovrebbe essere posta nello scrivere le risposte, in particolare l'applicazione nella vita di queste domande e le loro risposte.

Impegnarsi in uno studio biblico suggerisce che il lettore riconosca il proprio bisogno di comprendere la Scrittura e la profondità della saggezza che segue la conoscenza e la comprensione di Dio e delle Sue vie. Questo è un viaggio spirituale e ci vuole tempo per indagare sui versi, sul loro significato come lo scrittore li intendeva e sulla loro applicazione nella vita. Assicurati che la preghiera preceda ogni passo del cammino, permettendo allo Spirito Santo di guidarti e di aprire il tuo cuore e la tua mente alla conoscenza di Dio.

Questo studio è importante perché potrebbe applicarsi alla realtà della tua vita. In altre parole, questo studio considera la Teologia del Libro e altri principi derivati dal libro in un quadro che rende più facile applicare i principi alla nostra vita quotidiana. Questo studio non è un commento e, sebbene vengano fornite informazioni specifiche su ciascun libro, questo studio non si impegna in una critica testuale.

PARTE 1 : Informazioni sul libro

scrittore

È opinione diffusa che l'autore di questa epistola sia Giacomo, il fratellastro di Gesù Cristo, come indicato in Galati 1:19. È anche conosciuto come il fratello di Giuda, menzionato in Matteo 13:55. Questa identificazione è in linea con le opinioni sostenute da molti padri e scrittori della chiesa primitiva. È importante notare che questo Giacomo è distinto dalle altre figure di spicco del Nuovo Testamento: non è il fratello dell'apostolo Giovanni (figlio di Zebedeo), che fu martirizzato all'inizio della storia della chiesa (Marco 1:19; Atti 12: 2), né è figlio di Alfeo o padre di Giuda (Lc 6,16).

Giacomo, l'autore, giocò un ruolo significativo nella chiesa primitiva di Gerusalemme e fu riconosciuto come un leader. In particolare parlò al Concilio di Gerusalemme, come riportato in Atti 15:13-21. La sua leadership è menzionata in Atti 12:17 e Atti 21:18. Alcuni commentatori sostengono che la somiglianza di stile tra questa epistola e il discorso di Giacomo in Atti 15 supporta l'attribuzione a lui della paternità. Nonostante eventuali considerazioni linguistiche, è plausibile che Giacomo, essendo della Galilea, fosse esperto in aramaico e greco, il che spiega la qualità del greco in cui è scritta l'epistola.

Scopo

L'Epistola di Giacomo ha un duplice scopo, come notato da studiosi e commentatori nel corso della storia. In primo luogo, mira a incoraggiare i suoi lettori a sopportare le prove con pazienza e fermezza. Giacomo sottolinea l'importanza di sopportare fedelmente le difficoltà e di confidare nella sovranità e nella bontà di Dio anche in mezzo alle avversità.

In secondo luogo, l'epistola mette in guardia contro gli errori dottrinali e le pratiche non etiche nelle prime comunità cristiane. Giacomo esorta i credenti a vivere la propria fede in modi pratici, sottolineando atti di compassione, integrità nel parlare, umiltà davanti a Dio e impegno attivo nella condivisione con gli altri. I suoi insegnamenti abbracciano ogni aspetto della vita cristiana, guidando i credenti a manifestare la propria fede attraverso azioni e atteggiamenti.

Un focus significativo della lettera di James è rivolto ai cristiani ebrei che stavano affrontando persecuzioni e oppressione, in particolare da parte di ebrei ricchi e influenti all'interno delle loro comunità. Giacomo esorta questi credenti a rimanere saldi nella loro fede, a resistere alle pressioni e alle tentazioni della ricchezza e del potere mondani e a mantenere la loro integrità nonostante le avversità.

L'Epistola di Giacomo è una potente esortazione alla maturità cristiana e alla santità di vita. Enfatizza la pratica vita cristiana, affronta l'integrità dottrinale e incoraggia la perseveranza di fronte alle prove e all'opposizione. Attraverso i suoi insegnamenti, Giacomo fornisce una saggezza senza tempo che continua a guidare i credenti nell'affrontare le sfide e nel vivere la propria fede in modo autentico.

Data di scrittura

Secondo Giuseppe Flavio, Giacomo, il fratello di Gesù, morì nel 62 d.C., data da lui collegata alla morte di Porzio Festo. Ciò colloca la stesura dell'Epistola di Giacomo prima di quel periodo. Alcuni studiosi sostengono che la mancanza di riferimento da parte di Giacomo al Concilio di Gerusalemme del 49 d.C. suggerisce una data di composizione precedente. Tuttavia, questo argomento è discutibile poiché l'epistola affronta questioni diverse da quelle discusse in concilio, rendendo superflui i riferimenti espliciti.

Tradizionalmente, si ritiene che Giacomo abbia scritto questa epistola all'inizio della storia della chiesa cristiana. Molti studiosi, me compreso, propendono per una datazione della composizione tra la metà e la fine degli anni '40, forse intorno al 45-48 d.C. Alcuni addirittura propongono una data precedente, già nel 34 o 35 d.C. L'assenza di riferimenti ad altre epistole del Nuovo Testamento in Giacomo supporta ulteriormente l'idea della sua prima composizione. C'è un notevole supporto per la tradizionale datazione anticipata dell'Epistola di Giacomo, senza ragioni sostanziali per dubitarne.

Pubblico

I destinatari dell'Epistola di Giacomo erano principalmente cristiani ebrei che vivevano nella diaspora, dispersi dalla Palestina. Ora seguaci di Cristo (Giacomo 1:1). In tutta la lettera, numerosi riferimenti evidenziano il contesto ebraico, rafforzando l'idea che sia stata scritta da un autore ebreo per un pubblico ebraico. Versetti come Giacomo 1:18, 2:2, 2:21, 3:6 e 5:4, 5:7 contengono linguaggio e temi che risuonano fortemente all'interno dei contesti culturali e religiosi ebraici, sottolineando il background condiviso e la fede del popolo ebraico. scrittore e i lettori a cui è destinato.

Luogo di scrittura

Poiché probabilmente Giacomo trascorse gran parte o tutta la sua vita cristiana a Gerusalemme, è opinione diffusa che abbia scritto la sua epistola da questa città. Il suo profondo legame con Gerusalemme è evidente dai documenti storici, che indicano che non si impegnò in estese attività missionarie che lo avrebbero classificato come apostolo.

Secondo Eusebio, uno storico che scrisse nel IV secolo, Giacomo incontrò una tragica fine a Gerusalemme. Racconta che Giacomo fu gettato giù dal pinnacolo del tempio, che si ergeva a 170 piedi sopra la valle del Kidron. Dopo essere sopravvissuto alla caduta, fu lapidato, e poi un follatore, che era un lavatore di panni o di panni del I secolo, lo finì colpendogli il cervello con una mazza. Questo racconto mette in risalto il martirio di Giacomo, evidenziando la gravità della persecuzione affrontata dai primi leader cristiani a Gerusalemme.

Caratteristiche speciali

L'epistola di Giacomo si distingue per le sue caratteristiche uniche all'interno del corpus del Nuovo Testamento. In primo luogo, sembra che sia stato realizzato come forma scritta di un discorso pubblico o di un sermone destinato alla lettura ad alta voce nelle prime riunioni cristiane. Ciò si allinea con la critica retorica contemporanea, sottolineando le sue radici orali tradotte in forma scritta.

Tra i suoi tratti distintivi c'è l'assenza di riferimenti personali a individui specifici tra i destinatari e la mancanza di una benedizione conclusiva convenzionale. Giacomo impiega invece un numero sorprendente di imperativi, con comandi che appaiono con una frequenza senza pari in altri scritti del Nuovo Testamento.

L'Epistola si distingue per il suo ricco uso di figure retoriche e analogie, superando anche l'uso collettivo delle lettere di Paolo. James attinge molto dalle scritture dell'Antico Testamento, facendo riferimento a oltre 20 libri e intrecciando narrazioni e personaggi come Abramo, Rahab, Giobbe ed Elia, insieme ad allusioni ai Dieci Comandamenti e alla Legge mosaica. Ciò attesta il suo carattere profondamente ebraico, riflettendo gli insegnamenti e il contesto culturale delle prime comunità ebraico-cristiane.

Anche le immagini della natura sono presenti in modo prominente in Giacomo, riecheggiando lo stile di insegnamento dei rabbini ebrei della sua epoca e risuonando con gli insegnamenti di Gesù, come riportato nel Sermone della Montagna. È interessante notare che, nonostante questi collegamenti, le menzioni dirette di Gesù Cristo sono scarse e si verificano solo due volte nell'epistola.

Martin Lutero espresse notoriamente riserve sull'Epistola di Giacomo, definendola una "epistola di paglia" a causa della sua enfasi percepita sulle opere piuttosto che sulla fede, che considerava in conflitto con gli insegnamenti di Paolo sulla giustificazione mediante la sola fede. La posizione di Lutero sottolineò i dibattiti teologici del suo tempo, evidenziando le tensioni tra le diverse enfasi teologiche all'interno del cristianesimo primitivo.

L'epistola di Giacomo rimane una parte distintiva e preziosa del Nuovo Testamento, fondendo l'esortazione etica con la profondità teologica e riflettendo una prospettiva unica nella diversità dei primi scritti cristiani.

La critica di Lutero all'Epistola di Giacomo derivava dalla sua interpretazione secondo cui Giacomo si concentrava sul diventare un cristiano (giustificazione), che sembrava in conflitto con l'enfasi di Paolo sulla giustificazione per sola fede. Tuttavia, molti studiosi sostengono che la preoccupazione principale di Giacomo fosse il modo in cui i cristiani avrebbero dovuto vivere la loro fede (santificazione) piuttosto che l'atto iniziale di diventare credenti.

È fondamentale capire che Giacomo probabilmente scrisse prima che Paolo scrivesse le sue lettere, indicando che le loro prospettive teologiche non erano in dialogo diretto. Pertanto, interpretare James attraverso una lente paolina può portare a fraintendimenti sull'intento originale di James. In effetti, gli insegnamenti di Giacomo si allineano bene con gli insegnamenti etici di Gesù, in particolare quelli che si trovano nel Sermone della Montagna, suggerendo una continuità piuttosto che un conflitto all'interno del pensiero cristiano primitivo.

L'Epistola di Giacomo e il Vangelo di Matteo condividono numerosi paralleli tematici e riferimenti, indicando che probabilmente furono scritti nello stesso periodo, alla fine degli anni '40 d.C. Entrambi gli scritti si rivolgono a comunità cristiane simili e sottolineano la maturità spirituale, la saggezza e l'importanza di una vita retta. , soprattutto tra le persone economicamente svantaggiate.

L'epistola di Giacomo è caratterizzata dal suo focus pratico ed etico piuttosto che dal profondo discorso teologico. Trae ispirazione stilistica da fonti come i Proverbi, le denunce profetiche e le parabole di Gesù, presentando i suoi insegnamenti in modo chiaro e diretto. Questo approccio diretto lo rende uno dei libri meno teologici del Nuovo Testamento, sottolineando la pratica vita cristiana al di sopra delle complessità dottrinali accanto a Filemone.

L'epistola di Giacomo offre preziosi spunti sulle dimensioni etiche della fede cristiana, concentrandosi su come i credenti dovrebbero vivere fedelmente alla luce del loro impegno verso Cristo piuttosto che approfondire le dottrine teologiche.

Tre importanti temi teologici emergono nell'Epistola di Giacomo , riflettendo i suoi insegnamenti fondamentali. La principale tra queste è la dottrina di Dio, che viene sottolineata in tutta la lettera. Giacomo mette in risalto la sovranità, la bontà e la santità di Dio, guidando i credenti ad allineare la loro vita secondo la Sua volontà.

In linea con il suo focus pratico ed etico, Giacomo sottolinea anche la dottrina del peccato. L'epistola affronta ripetutamente la fragilità umana, il potere distruttivo del peccato e la necessità di pentimento e rettitudine morale nella vita cristiana.

Sorprendentemente, l'escatologia – lo studio teologico della fine dei tempi – è un altro tema significativo in James. Pur essendo interessato principalmente alla vita cristiana pratica, Giacomo incorpora insegnamenti sulla speranza futura dei credenti, sul giudizio di Dio e sulle ricompense eterne che attendono coloro che perseverano nella fede.

Quando si considera la disposizione delle epistole del Nuovo Testamento, c'è una notevole simmetria nei loro temi e nelle loro enfasi. Ebrei enfatizza la fede, integrata dall'enfasi di Giacomo sulle buone opere. Innanzitutto, Pietro si concentra sulla speranza futura, seguito dall'enfasi di Secondo Pietro sulla crescita spirituale presente. Le epistole di Giovanni enfatizzano l'amore, bilanciato dalla chiamata di Giuda a lottare strenuamente per la fede. Questa progressione tematica culmina opportunamente nel libro dell'Apocalisse, che promette la vittoria finale a coloro che rimangono fedeli a Cristo.

Le epistole del Nuovo Testamento forniscono collettivamente un quadro completo di fede cristiana e di pratica in questa progressione strutturata. Affrontano dottrine fondamentali, imperativi etici e speranza futura, guidando i credenti nel loro viaggio spirituale verso la maturità e la perseveranza.

Comprendere il Libro di Giacomo

Il Libro di Giacomo si concentra intensamente sull'integrazione di fede e comportamento, sottolineando che la vera fede in Dio dovrebbe naturalmente tradursi in azioni in linea con la Sua volontà. Fondamentalmente, James espone il tema del "vivere per fede" o del raggiungimento della maturità spirituale. Il suo stile di scrittura ricorda una serie di sermoni raffinati adattati per una pubblicazione più ampia per guidare i credenti verso una comprensione e un'applicazione più significativa della loro fede.

James dà priorità al comportamento cristiano, considerando l'etica come l'espressione esteriore della fede interiore. Anche se tocca le dottrine cristiane, la sua preoccupazione principale risiede nella manifestazione pratica della salvezza nella vita di tutti i giorni, ciò che spesso descrive come "fede nel cuoio delle scarpe". Questa enfasi evidenzia il suo desiderio che i credenti vivano la loro fede in modo tangibile, riflettendo il potere trasformativo della grazia di Dio attraverso le loro azioni e atteggiamenti.

Gli insegnamenti di Giacomo attingono fortemente dal Sermone della Montagna di Gesù. In questo fondamentale discorso etico, Gesù delineò i principi del retto vivere. Giacomo fa numerosi riferimenti o allusioni a questo sermone, in particolare in Matteo da 5 a 7, riflettendo la sua comprensione e applicazione profondamente radicate degli insegnamenti di Gesù. Ad esempio, l'appello di Gesù alla giustizia in Matteo 5:20, che supera quello degli scribi e dei farisei, trova eco nell'enfasi di Giacomo sulla dimostrazione di un comportamento giusto in modi pratici.

Gesù stabilì l'obiettivo dei credenti di essere perfetti, come esemplificato dal Padre celeste (Matteo 5:48). Questa chiamata alla maturità a somiglianza di Cristo risuona in tutte le esortazioni di Giacomo. Egli chiarisce e approfondisce questo obiettivo attraverso i suoi insegnamenti su vari comportamenti, esortando i credenti a perseguire la maturità spirituale e la fermezza nel loro cammino cristiano.

L'Epistola di Giacomo funge da guida pratica per la vita cristiana, profondamente radicata negli insegnamenti etici di Gesù Cristo. Sfida i credenti a integrare la loro fede con l'azione, lottando verso la maturità e la rettitudine mentre affrontano le sfide e le gioie della sequela di Cristo.

Gesù ha fornito spunti significativi sul comportamento cristiano e sulla crescita spirituale nel Sermone della Montagna. Tre rivelazioni chiave di questo sermone formano una struttura fondamentale che James elabora nella sua epistola. Queste intuizioni sono cruciali per comprendere come i credenti possono maturare nel loro cammino cristiano.

In primo luogo, Gesù enfatizzò in Matteo 5:20 la giustizia straordinaria che i credenti dovrebbero mostrare, contrastandola con la giustizia superficiale degli scribi e dei farisei. Ciò stabilisce lo standard per la condotta etica, esortando i credenti a cercare l'approvazione di Dio piuttosto che la lode umana. James si basa su questo dimostrando come questo principio si applica praticamente a vari aspetti della vita, esortando i suoi lettori a vivere per l'approvazione di Dio piuttosto che cercare la convalida degli altri.

In secondo luogo, Gesù insegnò in Matteo 5:48 che i credenti dovrebbero tendere alla perfezione, modellati sulla perfezione del Padre celeste. Questa chiamata alla maturità in Cristo è alla base dell'esortazione di Giacomo in tutta la sua epistola, mentre affronta comportamenti e atteggiamenti specifici che riflettono questo obiettivo di perfezione spirituale.

In terzo luogo, Gesù mette in guardia contro la pratica della giustizia per essere visti dagli altri in Matteo 6:1. Ha incoraggiato i credenti a vivere con sincerità e umiltà, cercando l'approvazione di Dio solo. Giacomo approfondisce questo insegnamento illustrando come la fede genuina dovrebbe manifestarsi in modi pratici, soprattutto di fronte alle prove e alle sfide.

Giacomo allinea strettamente i suoi insegnamenti con questi principi fondamentali del Sermone del Monte. Ad esempio, nel capitolo 1 della sua epistola, Giacomo affronta il comportamento di rispondere alle prove con pazienza e perseveranza, rivelando lo scopo di Dio nell'usare le prove per sviluppare la maturità personale nei credenti. Sottolinea che sopportare le prove con fede porta alla crescita spirituale e alla fermezza.

Nel capitolo 2, Giacomo affronta il comportamento del pregiudizio, sottolineando il desiderio di Dio che i credenti amino tutte le persone. Spiega che la fede genuina dovrebbe naturalmente tradursi in azioni che dimostrino imparzialità e amore, contrastando gli effetti divisivi del pregiudizio.

L'epistola di Giacomo è un'esposizione pratica degli insegnamenti di Gesù nel Discorso della Montagna, che guida i credenti a vivere la propria fede in modo autentico e maturare spiritualmente. Mostra la connessione inseparabile tra fede e opere, sottolineando che la vera vita cristiana implica credere in Cristo e una vita trasformata che riflette i Suoi insegnamenti.

Nel capitolo 3 dell'epistola di Giacomo, l'attenzione è posta sul potere della nostra parola. Giacomo insegna che Dio desidera che i credenti usino le loro parole per benedire gli altri: Dio stesso e gli altri esseri umani. Il metodo per raggiungere questo obiettivo è cercare e applicare la saggezza di Dio, che ci consente di pronunciare parole che edificano e incoraggiano.

Passando al capitolo 4, James affronta i conflitti all'interno delle relazioni interpersonali e personali interiori. Qui, l'obiettivo di Dio è che i credenti perseguano e mantengano la pace con gli altri. Il metodo prescritto da Giacomo è la sottomissione a Dio: arrendersi alla Sua volontà e alla Sua guida nella gestione dei conflitti esterni o interni.

Il capitolo 5 sposta l'attenzione sull'uso del denaro. James insegna che l'obiettivo dei credenti è usare le proprie risorse per servire gli altri piuttosto che accumulare egoisticamente ricchezza. Per raggiungere questo obiettivo, Giacomo consiglia di avere pazienza nel confidare nella provvidenza e nella guida di Dio, insieme a una preghiera sincera per cercare la Sua saggezza e direzione nelle questioni finanziarie.

Lo stile di scrittura di James è spesso descritto come conciso e di grande impatto, simile a un filo di perle in cui ogni paragrafo costituisce un'entità distinta ma interconnessa nel tema e nello scopo.

Nell'applicare gli insegnamenti dell'epistola di Giacomo, si possono evidenziare due affermazioni: in primo luogo, la vita di fede è piena di sfide e ostacoli che i credenti devono superare per raggiungere l'obiettivo di Dio di un comportamento retto. James identifica tre principali fonti di opposizione:

Lo spirito o la filosofia prevalente del mondo, che spesso incoraggia a evitare i processi (Capitolo 1), il favoritismo verso chi è influente (Capitolo 2), l'autopromozione attraverso la parola (Capitolo 3), l'affermazione dei diritti personali (Capitolo 4) e l'instancabile ricerca della ricchezza (capitolo 5).

Per vivere fedelmente secondo gli insegnamenti di Giacomo, i credenti sono chiamati ad affrontare e resistere a queste influenze mondane, abbracciando invece i principi di Dio di resistenza, umiltà e altruismo in ogni aspetto della vita.

Giacomo sottolinea la necessità di rinnegare le concupiscenze della nostra carne come aspetto cruciale del vivere la fede cristiana. Nella sua epistola, Giacomo usa metaforicamente il termine "carne" (greco: sarx) per denotare la nostra natura umana peccatrice: l'inclinazione verso desideri egoistici e comportamenti peccaminosi ereditati da Adamo prima della nostra rigenerazione spirituale.

In tutta la sua lettera, James identifica tre principali fonti di opposizione che i credenti devono affrontare nel loro cammino di fede.

In primo luogo, la carne rappresenta la nostra natura peccaminosa, spingendoci a indulgere ai desideri egoistici e a cedere alle tentazioni, soprattutto durante le prove (capitolo 1). Promuove l'amor proprio invece dell'amore per gli altri (Capitolo 2), l'autoglorificazione invece dell'umiltà e del servizio (Capitolo 3), l'autoaffermazione invece della sottomissione a Dio (Capitolo 4) e il comportamento egoistico invece della generosità verso gli altri. (Capitolo 5).

In secondo luogo, Giacomo ammonisce i credenti a resistere al diavolo, che si oppone attivamente all'opera di Dio di produrre giustizia nelle nostre vite. Satana inganna suggerendo che Dio è indifferente o ostile nei nostri confronti attraverso le prove (Capitolo 1), promuove favoritismi per guadagno personale (Capitolo 2), incoraggia l'autopromozione nel parlare (Capitolo 3), favorisce l'autoaffermazione invece della sottomissione (Capitolo 4), e sostiene l'accaparramento della ricchezza anziché un suo utilizzo responsabile (Capitolo 5).

Giacomo sottolinea che la vita cristiana non è solo un pericolo ma anche un potere. La fede, afferma, è la chiave per superare questi pericoli. Trascende le filosofie del mondo, rafforza i credenti contro il fascino dei desideri peccaminosi e li fortifica contro gli attacchi del diavolo . Pertanto, Giacomo incoraggia una vita caratterizzata da continua fiducia e obbedienza a Dio, in contrasto con i comportamenti mondani e autosufficienti dei non credenti.

In sintesi, l'epistola di Giacomo invita alla fede salda e all'obbedienza in Dio nonostante le prove e le tentazioni. Sfida i credenti a fare affidamento sulla saggezza e sulla forza di Dio per affrontare le sfide della vita e per vivere in un modo che rifletta il potere di trasformazione della fede in Cristo.

Contorno

1. Introduzione e prove (capitolo 1)

- Saluti e scopo (1:1)
- Gioia nelle prove (1:2-4)
- Saggezza nelle prove (1:5-8)
- La prospettiva dei ricchi e dei poveri (1:9-11)
- Perseveranza nelle prove (1:12-18)
- Ascoltare e mettere in pratica la Parola (1:19-27)

2. Fede e opere (Capitolo 2)

- Il peccato del favoritismo (2:1-13)
- Fede e opere (2:14-26)

3. Domare la lingua (capitolo 3)

- Il potere della lingua (3:1-12)
- Sapienza dall'alto (3:13-18)

4. Saggezza e mondanità (capitolo 4)

- Piaceri mondani contro la volontà di Dio (4:1-10)
- Umiltà davanti a Dio (4:11-17)

5. Pazienza e preghiera (Capitolo 5)

- Avvertimento ai ricchi (5:1-6)
- Pazienza nella sofferenza (5:7-12)
- Il potere della preghiera (5:13-18)
- Riportare indietro il vagabondo (5:19-20)

Temi teologici

Il Libro di Giacomo, incastonato nel Nuovo Testamento, presenta un solido quadro di intuizioni teologiche intrecciate con la saggezza pratica per la vita cristiana. Scritta da Giacomo, fratellastro di Gesù e leader di spicco della chiesa primitiva, questa epistola affronta aspetti fondamentali della fede e della condotta essenziali per i credenti.

Fede e opere:

Uno dei temi teologici centrali in Giacomo è il rapporto tra fede e opere. Giacomo sostiene con enfasi che la fede genuina in Cristo deve manifestarsi in azioni pratiche e in una vita retta. Dichiara notoriamente: "La fede da sola, se non ha opere, è morta" (Giacomo 2:17, WEB). Questa posizione teologica sottolinea l'inseparabilità tra fede e comportamento, evidenziando che la vera fede produce frutti visibili nella vita di un credente.

Saggezza e discernimento:

Giacomo pone un'enfasi significativa sulla saggezza e sul discernimento, esortando i credenti a cercare la saggezza di Dio in ogni decisione e circostanza. Egli contrappone la saggezza terrena, caratterizzata da ambizione egoistica e discordia, con la saggezza celeste, caratterizzata da purezza, pace e fecondità (Giacomo 3:13-18). Questo tema teologico evidenzia l'importanza di allineare i propri pensieri e le proprie azioni con la saggezza divina di Dio, che porta a una vita giusta e a relazioni armoniose.

Resistenza e perseveranza:

Un altro tema teologico importante in Giacomo è la perseveranza in mezzo a prove e sfide. Giacomo incoraggia i credenti a considerarla una gioia quando affrontano varie prove, sapendo che le prove producono fermezza e maturità nella fede (Giacomo 1:2-4). Questo tema evidenzia il potere di trasformazione delle prove nel plasmare il carattere dei credenti e nel rafforzare la loro dipendenza da Dio. Riflette una prospettiva teologica che vede le prove non come ostacoli ma come opportunità per la crescita spirituale e un'intimità più profonda con Dio.

Santità pratica e vita retta:

L'epistola di Giacomo sottolinea anche la santità pratica e il vivere retto come espressioni di fede genuina. Affronta questioni come l'uso corretto della ricchezza, l'imparzialità verso gli altri, il controllo della lingua e l'umile sottomissione alla volontà di Dio. Queste esortazioni pratiche riflettono la convinzione teologica di James secondo cui l'autentico cristianesimo implica la corretta dottrina, l'integrità etica e la purezza morale nella vita di tutti i giorni.

Speranza e giudizio escatologici:

Infine, James incorpora il giudizio escatologico della sua struttura teologica e i temi della ricompensa divina. Mette in guardia contro i pericoli della mondanità e dell'autosufficienza, ricordando ai credenti l'imminente ritorno di Cristo e la responsabilità che ogni persona dovrà affrontare davanti al tribunale di Dio (Giacomo 4:12; 5:7-9). Questa prospettiva teologica motiva i credenti a vivere nella disponibilità e nell'anticipazione della venuta del regno di Cristo, sottolineando le implicazioni eterne della loro fede e condotta attuali.

Il Libro di Giacomo offre un ricco arazzo di temi teologici che risuonano profondamente con le sfide e le aspirazioni del discepolato cristiano. Chiama i credenti a una fede attiva e trasformatrice che abbraccia sia la fede in Cristo sia una vita caratterizzata da azioni giuste, saggezza, perseveranza nelle prove, santità pratica e una speranzosa anticipazione del ritorno di Cristo. In quanto tale, Giacomo rimane una guida senza tempo per comprendere la connessione inscindibile tra le verità teologiche e la loro attuazione pratica nella vita dei credenti.

PARTE 2: Studio versetto per versetto

Giacomo Capitolo 1:1-27

Saluto

1:1 Giacomo, servo di Dio e del Signore Gesù Cristo, alle dodici tribù disperse: saluti.

Giacomo, l'autore dell'epistola indirizzata ai primi credenti cristiani, si presenta con umiltà e chiarezza. Conosciuto come la forma greca del nome ebraico "Giacobbe", Giacomo probabilmente detiene la particolarità di essere fratellastro di Gesù Cristo. Il suo viaggio di fede iniziò più tardi, durante il ministero terreno di Gesù, come menzionato in Giovanni 7:5 e affermato nei resoconti delle apparizioni di Gesù dopo la risurrezione (1 Corinzi 15:7). Nel corso del tempo, Giacomo emerse come un leader di spicco all'interno della chiesa di Gerusalemme, svolgendo un ruolo fondamentale nella sua storia iniziale, come notato in Galati 2:9 e Atti 15:13-21.

Nonostante il suo legame familiare con Gesù, Giacomo sceglie di non enfatizzare questo rapporto nella sua introduzione all'epistola. Invece, si identifica come "un servitore [doulos] di Dio e del Signore Gesù Cristo". Questo termine " servo-vincolo " significa la sua completa dedizione e sottomissione a Dio Padre e a Gesù Cristo, illustrando il suo significativo impegno spirituale. È interessante notare che Giacomo e suo fratello Giuda sono unici tra gli scrittori del Nuovo Testamento nel descrivere se stessi esclusivamente come servi , a testimonianza del loro riconoscimento e della loro statura all'interno della prima comunità cristiana.

La scelta deliberata di Giacomo di concentrarsi sulla sua servitù a Dio e a Gesù Cristo piuttosto che sui suoi legami familiari evidenzia la sua profonda maturità spirituale e la sua prospettiva teologica. Allineandosi come servitore di Dio e di Gesù, Giacomo afferma la loro uguaglianza e l'incrollabile devozione alla loro autorità e signoria. Questa dichiarazione riecheggia espressioni simili a quelle di altre figure del Nuovo Testamento. Evidenzia la significativa comprensione di Giacomo del suo ruolo all'interno dell'ordine divino e della chiesa paleocristiana.

L'introduzione di Giacomo stabilisce la sua identità e autorità come autore dell'epistola. Mette in risalto la sua significativa posizione spirituale come devoto servitore di Dio e di Gesù Cristo. La sua umile autodescrizione dà il tono all'epistola, sottolineando i temi dell'obbedienza, della fedeltà e dell'esaltato status di Gesù come Signore accanto a Dio Padre.

Nell'introduzione alla sua epistola, Giacomo sceglie il termine " servo-schiavo " (greco: doulos) non come segno di servilismo ma piuttosto come distintivo d'onore e significativa devozione. Questo termine, che nel I secolo aveva un significato sfumato, era usato nella Settanta per descrivere leader stimati come Mosè, Davide e i profeti, individui che occupavano posizioni privilegiate e onorate in Israele (Deut. 34:5; 2 Sam 7:5; Ger. 7:25; Identificandosi come un doulos di Dio e del Signore Gesù Cristo, Giacomo dichiara con orgoglio la sua completa e volontaria sottomissione sia a Dio Padre che a Gesù Cristo.

Per James, il termine doulos racchiude la sua dedizione totale al servizio di Gesù Cristo. Significa non solo una servitù posizionale, ma un profondo impegno relazionale e fedeltà spirituale. Questa autodescrizione introduttiva dà il tono tematico all'intera sua epistola, concentrandosi su come i credenti dovrebbero vivere secondo la loro identità di servitori del Signore Gesù Cristo.

Giacomo indirizza la sua lettera alle "dodici tribù nella dispersione", una frase comunemente intesa come riferita ai cristiani ebrei che vivono fuori dalla Palestina (Matteo 19:28; Atti 26:7). Sebbene alcuni studiosi suggeriscano che Giacomo possa aver indirizzato la sua lettera sia agli ebrei credenti che a quelli non credenti, il contenuto dell'epistola mira chiaramente a istruire e incoraggiare i credenti nel loro cammino cristiano. I temi della fede, delle opere, della saggezza, della perseveranza e del vivere retto pervadono la lettera di Giacomo, offrendo una guida pratica per coloro che si sforzano di vivere fedelmente come seguaci di Gesù Cristo.

L'uso del termine doulos da parte di Giacomo evidenzia la sua stimata posizione di devoto servitore di Dio e di Gesù Cristo, evidenziando il suo significativo impegno spirituale e ponendo le basi per i suoi insegnamenti sull'autentica vita cristiana. La sua epistola rimane un appello senza tempo alla fede genuina espressa attraverso azioni giuste, ricerca della saggezza e perseveranza costante, che riflette il potere di trasformazione di una vita arresa al servizio del Signore Gesù Cristo.

L'epistola di Giacomo inizia con un saluto rivolto alle "dodici tribù nella dispersione", una frase che tradizionalmente si riferisce ai cristiani ebrei dispersi fuori della Palestina (Matteo 19:28; Atti 26:7). Questa designazione evidenzia la prospettiva di James sull'unità e la continuità di Israele come comprensiva di tutte le dodici tribù, rifiutando la nozione di tribù perdute e affermando una visione olistica dell'identità di Israele.

Questi destinatari, probabilmente membri della chiesa di Gerusalemme che si dispersero dopo il martirio di Stefano (Atti 8:1, 4; 11:19-20), ricevettero la lettera di Giacomo indipendentemente dalla loro posizione geografica. Sia all'interno della Palestina che oltre, il messaggio di Giacomo trascende luoghi specifici, offrendo una guida normativa sia per i cristiani ebrei che per quelli gentili. I suoi insegnamenti riflettono un'unità in Cristo che supera i confini etnici e geografici, enfatizzando i principi condivisi di fede e di vita retta.

Contrariamente alle interpretazioni che suggeriscono che "le dodici tribù" rappresentano simbolicamente la chiesa come un nuovo Israele, Giacomo mantiene una comprensione letterale radicata nell'eredità ebraica. In tutto il Nuovo Testamento, "Israele" si riferisce costantemente ai discendenti fisici di Giacobbe, facendo eco al suo uso nell'Antico Testamento. L'epistola di Giacomo sostiene quindi questa comprensione tradizionale senza introdurre innovazioni teologiche riguardanti la composizione della chiesa.

La competenza di James in greco è evidente attraverso le sue eloquenti scelte grammaticali, sintattiche e di vocabolario. Il suo comune saluto greco "Saluti" (greco: chairein) riflette la sua familiarità con le convenzioni ellenistiche. Dà un tono accogliente alla sua epistola. Nonostante si rivolga a un pubblico ebraico, James utilizza la lingua e lo stile della letteratura greca contemporanea, garantendo chiarezza e accessibilità ai suoi lettori.

Le osservazioni introduttive di James stabiliscono che la sua epistola è una testimonianza della vita cristiana fondata sulla tradizione ebraica e su principi cristiani più ampi. La sua voce autorevole e la sua prosa chiara invitano i lettori, indipendentemente dal loro background o luogo di residenza, ad abbracciare la fede, a praticare la rettitudine e a vivere secondo gli insegnamenti di Gesù Cristo.

Prova della tua fede

Giacomo apre la sua epistola con un'esplorazione significativa delle prove. Questo tema risuona profondamente con le esperienze dei primi cristiani ebrei e rimane rilevante per i credenti di oggi. Rivolgendosi a una comunità che ha familiarità con la persecuzione e l'opposizione – esperienze comuni per gli ebrei convertiti nella chiesa primitiva – James fornisce consigli ispirati che trascendono il contesto storico per offrire saggezza duratura.

Per i convertiti ebrei della chiesa primitiva, la decisione di seguire Cristo spesso provocava un'intensa ostilità da parte dei loro compagni ebrei che non accettavano Gesù come Messia. Questo antagonismo e persecuzione, vividamente rappresentati nel Libro degli Atti, sottolineavano le sfide affrontate da coloro che rimasero saldi nella loro fede nonostante la pressione e il rifiuto della società.

Nella sua lettera, il trattamento delle prove da parte di Giacomo riflette la preoccupazione pastorale di fornire ai credenti una prospettiva positiva sulle avversità. Non respinge le prove come esperienze prive di significato o semplicemente dolorose. Tuttavia, istruisce i suoi lettori a vederli attraverso la lente della fede e della perseveranza. Incoraggiando la perseveranza e promuovendo una mentalità che vede le prove come strumenti nelle mani di Dio, Giacomo insegna che queste sfide hanno uno scopo nel trasformare i credenti in vasi che glorificano Dio.

Il valore delle prove, secondo James, risiede nel loro potere di trasformazione. Piuttosto che ostacoli alla fede, le prove diventano opportunità di crescita, di affinamento del carattere e di approfondimento della maturità spirituale. Le parole di Giacomo risuonano attraverso le generazioni, ricordando ai cristiani di tutte le età che sopportare le prove con fedeltà porta a una fede rafforzata e più resistente.

L'insegnamento di Giacomo sulle prove invita i credenti ad abbracciare una prospettiva basata sulla fede, riconoscendo che Dio opera attraverso le difficoltà per plasmare il Suo popolo in vasi di onore e testimonianza. Questo messaggio fondamentale rimane eternamente attuale, offrendo incoraggiamento e guida duraturi per affrontare le sfide della vita con salda fiducia negli scopi sovrani di Dio.

1:2 Considerate una gioia, fratelli miei, quando incontrate prove di vario genere,

Nella sua discussione sulle prove, James abbraccia un ampio spettro di sfide che i credenti devono affrontare. Queste prove non si limitano a difficoltà specifiche come difficoltà finanziarie o crisi personali, ma comprendono qualsiasi situazione che mette alla prova la fede, l'integrità o la fermezza di una persona nel seguire la volontà di Dio.

La parola greca tradotta come "prove" o "tentazioni" (peirasmois) ha un significato sfumato che va oltre le semplici difficoltà esterne. Denota una prova o una prova della propria fedeltà, integrità, virtù e costanza. Ciò include pressioni esterne, avversità, lotte interne e tentazioni che allontanano le persone dai propositi di Dio.

James chiarisce che queste prove non sono solo eventi casuali ma sono situazioni in cui i credenti sono tentati di rispondere in modi contrari alla volontà di Dio. Sottolinea che queste prove servono come prove di fede, sfidando i credenti a rimanere saldi e obbedienti a Dio piuttosto che soccombere a comportamenti o atteggiamenti peccaminosi.

Il contesto della lettera di Giacomo mette in risalto il suo pubblico: egli si rivolge ripetutamente a loro come "miei fratelli e sorelle" in tutta l'epistola, affermando il loro status di compagni di fede in Cristo. Questo discorso familiare, che ricorre 15 volte nella lettera, indica che Giacomo sta scrivendo ai cristiani che affrontano le complessità del vivere la propria fede in un mondo difficile.

È importante sottolineare che Giacomo non dubita dell'autenticità della loro fede. Anche in passaggi come Giacomo 2:14-26, dove discute il rapporto tra fede e opere, Giacomo assume il genuino impegno dei suoi lettori verso Cristo. Questa comprensione fondamentale modella le esortazioni e gli insegnamenti di Giacomo in tutta la lettera, radicandoli nella realtà della vita cristiana in mezzo a prove e tentazioni.

Il trattamento delle prove da parte di Giacomo comprende sia le difficoltà esterne che le lotte interne, sottolineando che queste esperienze consentono ai credenti di crescere nella fede e dimostrare il loro impegno verso Dio. La sua guida rimane attuale, incoraggiando i cristiani ad affrontare le prove con fede, sapendo che Dio usa queste sfide per rafforzare e affinare il loro carattere.

James consiglia ai suoi lettori di affrontare le prove e le tentazioni con una prospettiva che inizialmente potrebbe sembrare controintuitiva: la gioia. Non suggerì che si rallegrassero a causa delle prove, come se il dolore e la sofferenza fossero intrinsecamente buoni. Tuttavia, li incoraggiò piuttosto a provare gioia nella crescita spirituale e nella maturità derivanti dal perseverare fedelmente nelle prove.

Quando Giacomo dice: "Considerate una gioia, fratelli miei, quando incontrate varie prove" (Giacomo 1:2), non sta sostenendo un atteggiamento masochista che celebra il dolore. Invece, sfida i credenti a vedere le loro prove come raffinamento spirituale e opportunità di sviluppo. Questa prospettiva sposta l'attenzione dal disagio delle prove ai risultati benefici che Dio può produrre attraverso di esse.

La frase "tutta gioia" può anche essere intesa come "gioia pura", sottolineando una gioia non diluita e non influenzata dalle circostanze. Questo tipo di gioia non dipende da fattori esterni. Tuttavia, è radicato in una profonda fiducia nella sovranità di Dio e nei suoi propositi nel permettere le prove.

Giacomo riconosce che le prove provengono dal mondo, dalla nostra natura peccaminosa (la carne) e dall'opposizione spirituale (il diavolo). Giacomo insegna che i cristiani possono rispondere con gioia nonostante le loro origini perché le prove portano alla perseveranza, alla maturità e ad una più profonda fiducia in Dio (Giacomo 1:3-4).

Pertanto, Giacomo incoraggia i credenti a mantenere un atteggiamento di gioia anche in mezzo alle difficoltà, sapendo che Dio può usare queste sfide per produrre una fede salda e matura. Questa prospettiva biblica ci sfida a confidare nella saggezza e nella bontà di Dio, credendo che Egli possa portare crescita e trasformazione attraverso ogni prova che affrontiamo.

1:3 poiché sai che la prova della tua fede produce saldezza. 1:4 E la costanza abbia il suo pieno effetto, affinché siate perfetti e completi, senza mancare di nulla.

Secondo James, le prove hanno uno scopo significativo nella vita di un credente: non sono sofferenze arbitrarie ma strumenti intenzionali che Dio usa per affinare e maturare la nostra fede. James inizia esortando i suoi lettori a considerare le prove come opportunità di crescita e sviluppo spirituale piuttosto che semplici fonti di dolore o disagio.

La parola greca per "mettere alla prova" (dokimion) che Giacomo usa implica dimostrare la vera qualità o carattere di qualcosa attraverso una prova. Proprio come il fuoco mette alla prova e affina l'oro per rivelarne la purezza, le prove mettono alla prova e rivelano la profondità e l'autenticità della nostra fede in Dio. Per i credenti, le prove mettono alla prova la nostra fiducia e obbedienza a Dio, spingendoci oltre i nostri limiti e sfidandoci a fare affidamento più pienamente sulla Sua forza e saggezza.

Giacomo sottolinea che queste prove, quando sopportate con pazienza (hypomonen), producono resistenza, fermezza e perseveranza nel nostro cammino di fede (Giacomo 1:3-4). Questa perseveranza non significa solo sopportare passivamente le difficoltà, ma anche rimanere attivamente saldi nella fede in mezzo alle prove, come rimanere saldi in una tempesta.

L'obiettivo, come dice Giacomo, è che i credenti diventino "perfetti e completi", non privi di nulla (Giacomo 1:4). Questa perfezione (holokleros) si riferisce all'essere pienamente sviluppati e maturati in ogni area essenziale della vita, adempiendo allo scopo per il quale Dio ci ha chiamati. Si tratta di raggiungere il nostro potenziale più alto in Cristo, crescendo a somiglianza di Cristo stesso (Matteo 5:48).

Pertanto, invece di cercare di sfuggire alle prove o di risentirsi per esse, Giacomo incoraggia i credenti ad abbracciarle con gioia. Questa gioia non consiste nel celebrare il dolore, ma nel rallegrarsi dell'opera di trasformazione che Dio sta compiendo attraverso le prove. È un riconoscimento del fatto che Dio usa le prove per perfezionarci, per avvicinarci allo scopo previsto per la nostra vita.

Giacomo insegna che le prove non sono ostacoli alla nostra fede ma opportunità perché essa si approfondisca e maturi. Sopportando le prove con fede e pazienza, i credenti possono crescere nella pienezza della somiglianza con Cristo e diventare testimoni efficaci della gloria di Dio nel mondo. Questa prospettiva ci sfida ad accogliere le prove come parte del processo di raffinamento di Dio, confidando nel fatto che Egli sta operando tutte le cose insieme per il nostro bene ultimo e per la Sua gloria.

Giacomo introduce nella sua epistola un concetto significativo: vivere per fede. Questo tema, che permea l'intera Lettera, mette in luce l'attuazione pratica della fede autentica nella vita quotidiana dei credenti. Per James, la fede non è semplicemente un evento passato di giustificazione, ma uno stile di vita continuo caratterizzato dalla fiducia in Dio e dall'obbedienza ai Suoi comandamenti.

Come propongono alcuni studiosi, l'espressione "prove di una fede viva" racchiude l'enfasi di Giacomo sulla connessione inseparabile tra fede e azione. Affronta il modo in cui la fede genuina si manifesta nella condotta e nelle scelte del credente, soprattutto di fronte alle prove, alle tentazioni e alle sfide quotidiane.

James identifica una questione chiave tra i suoi lettori: una comprensione distorta della salvezza mediante la fede e le sue implicazioni per la vita cristiana quotidiana. Egli affronta l'idea sbagliata secondo cui la fede può esistere indipendentemente dalle opere o che il semplice consenso intellettuale alle dottrine sia sufficiente per una vita cristiana vibrante. Giacomo sostiene invece con passione che la vera fede deve inevitabilmente produrre frutti visibili nel comportamento e negli atteggiamenti del credente.

Questo tema pone le basi per la successiva discussione di Giacomo nel capitolo 2, dove affronta il rapporto tra fede e opere. Egli illustra che la fede genuina dovrebbe naturalmente sfociare in azioni che riflettono il carattere e la volontà di Dio quando vengono messe alla prova da prove e sfide. La preoccupazione di James non è solo teorica; è profondamente pratico, mirato a guidare i suoi lettori verso una vita di maturità spirituale e integrità.

Giacomo sfida i credenti a vivere autenticamente la propria fede in ogni aspetto della vita. Li esorta ad accettare le prove per dimostrare la loro fiducia in Dio e permettere alla loro fede di modellare le loro risposte al mondo che li circonda. Questo appello a "vivere per fede" funge da grido di battaglia affinché i cristiani allineino le loro convinzioni alle loro azioni, assicurandosi che le loro vite testimonino il potere di trasformazione di un rapporto genuino con Cristo.

1:5 Se qualcuno di voi manca di sapienza, la chieda a Dio, che dona a tutti generosamente e senza rimproverare, e gli sarà data.

Nella sua lettera, Giacomo affronta un aspetto critico della vita cristiana: la necessità di saggezza per affrontare le prove in modo efficace. Riconosce che le prove spesso rivelano carenze, inclusa la mancanza di saggezza, in particolare della saggezza divina necessaria per sopportare le sfide con una prospettiva adeguata.

Quando Giacomo parla di saggezza (greco: sophia), attinge alla tradizione della letteratura sapienziale dell'Antico Testamento, dove la saggezza è descritta come la comprensione e l'applicazione della verità rivelata di Dio nella vita quotidiana. Non è semplicemente la conoscenza intellettuale ma l'intuizione pratica che allinea la propria vita con il giusto ordine e la volontà di Dio (Hiebert, 1978). Questa saggezza, afferma James, è essenziale per i credenti che affrontano le prove, poiché consente loro di vedere queste difficoltà dalla prospettiva di Dio piuttosto che da quella del mondo.

Nel contesto biblico più ampio, la saggezza è spesso associata allo Spirito Santo, che garantisce comprensione e guida i credenti a vivere secondo i principi di Dio. Ciò è in linea con l'insegnamento di Giacomo secondo cui il cristiano saggio si sottomette alla verità rivelata di Dio, in particolare nella Scrittura.

James sottolinea che mentre il mondo può cercare di evitare le prove a tutti i costi, considerandole come esperienze puramente negative, la prospettiva cristiana dovrebbe essere diversa. Piuttosto che cercare la fuga, i credenti sono incoraggiati ad affrontare le prove con gioia, sapendo che servono a uno scopo trasformativo nella loro crescita spirituale. Questa prospettiva contrasta nettamente con la saggezza mondana, che spesso dà priorità al comfort immediato e all'evitamento del disagio.

Collegando la saggezza con la capacità di sopportare le prove con gioia e fedeltà, Giacomo mette in risalto l'attuazione pratica della fede. La saggezza dà ai credenti il potere di rispondere alle prove non con disperazione o evasione, ma con fermezza e con una fiducia approfondita in Dio. Questa comprensione è cruciale per il tema generale di Giacomo del vivere per fede. Questo tema permea la sua lettera e guida i credenti verso la maturità e la completezza in Cristo.

Nell'esortazione di Giacomo riguardo alla saggezza, egli sottolinea la natura essenziale di comprendere la vita dalla prospettiva di Dio. Incoraggia i credenti a cercare continuamente questa saggezza attraverso la preghiera, utilizzando un imperativo attivo presente in greco che significa azione continua, il che implica che chiedere saggezza dovrebbe essere una pratica regolare (Hodges, 1102).

Giacomo assicura ai credenti che Dio risponde generosamente a coloro che cercano sinceramente la saggezza. Usa termini come "liberamente" e "benevolente" per descrivere l'atteggiamento di Dio nel concedere saggezza, sottolineando che Dio dà senza rimproveri o riserve. Ciò significa che Dio non imputa al richiedente i fallimenti passati né nasconde la saggezza sulla base delle carenze future (Hiebert, 224).

Questa promessa della donazione generosa di Dio è radicata nel Suo carattere di Padre amorevole e saggio che desidera che i Suoi figli crescano in comprensione e maturità. Riflette il principio biblico secondo cui Dio si compiace nel concedere saggezza a coloro che la chiedono umilmente, confidando nella Sua provvista (Isaia 42:3; Matteo 12:20).

Tuttavia, James chiarisce che la saggezza che Dio concede non è necessariamente brillantezza intellettuale o un QI più elevato. Piuttosto, è la capacità di discernere e abbracciare la prospettiva di Dio sulle prove e sulle sfide. Ciò è in linea con l'insegnamento più ampio di Giacomo sul sopportare le prove con gioia e perseveranza, sapendo che queste esperienze contribuiscono alla crescita e alla maturità spirituale (Wiersbe , 13).

Pertanto, le istruzioni di Giacomo sulla ricerca della saggezza evidenziano l'importanza di allineare la propria comprensione con la verità di Dio, in particolare nel modo in cui i credenti affrontano e sopportano le prove. Questa ricerca della saggezza è essenziale per superare le difficoltà della vita in un modo che onori Dio e rifletta la Sua saggezza e grazia.

1:6 Ma chieda con fede, senza dubitare, perché chi dubita è simile a un'onda del mare, spinta e agitata dal vento.

Nell'insegnamento di Giacomo sulla preghiera e sulla fede, egli sottolinea il ruolo fondamentale della fede come fondamento di una preghiera efficace. Secondo la comprensione biblica, chiedere "con fede" implica credere nelle promesse di Dio o nella Sua capacità di agire anche quando promesse specifiche non sono articolate (Matteo 8:1-4; Marco 4:35-41).

Giacomo sottolinea che la fede è la condizione essenziale per la preghiera, che implica una fiducia completa nella fedeltà e nella potenza di Dio (Hiebert, 225). La frase "senza alcun dubbio" nella traduzione NASB è meglio intesa come chiedere "con fede, libero da motivazioni divise e atteggiamenti divisivi" (Hodges, 1102). Ciò chiarisce che Giacomo si preoccupa di una fede indivisa, sincera e totalmente dipendente da Dio.

Quando i credenti pregano con motivazioni divise o cuori dubbiosi, James li paragona alle onde dell'oceano agitate da forze esterne, come il vento (kludon in greco), che sconvolge la loro stabilità e consistenza (Mayor, 31). Questa metafora illustra come la mancanza di fede e coerenza nel confidare nella volontà di Dio può portare all'instabilità nella vita di un credente, in modo simile a come le onde sono guidate da pressioni esterne piuttosto che dalla fermezza interna nello Spirito Santo.

L'analogia delle onde spinte dal vento evidenzia la necessità per i credenti di ancorare saldamente la propria fede al carattere e alle promesse di Dio, resistendo alla tendenza a vacillare o a lasciarsi influenzare dalle circostanze. Proprio come le onde del mare fluttuano a seconda delle condizioni esterne, così anche la fede di un credente può vacillare senza una fiducia salda nella sovranità e nella bontà di Dio.

Pertanto, le istruzioni di Giacomo incoraggiano i credenti a pregare Dio con fede incrollabile, confidando nella Sua capacità di agire secondo la Sua volontà e i Suoi scopi. Questa fede salda rafforza la vita di preghiera e favorisce la stabilità spirituale in circostanze fluttuanti.

1:7 Infatti costui non deve credere che riceverà qualcosa dal Signore;

Le lotte di un tale individuo sono sia soggettive che oggettive. Soggettivamente, sentono che sono le circostanze a dettare il loro percorso piuttosto che confidare nella guida di Dio. Oggettivamente, queste sfide sono reali, in balia di eventi incontrollabili. Questo tipo di incoerenza, descritta come "doppia" o "instabile" (Giacomo 1:8), riflette una resistenza all'opera di trasformazione di Dio attraverso le prove.

Invece di permettere che le prove affinino il loro carattere e la loro fede, Dio deve educarli riguardo al loro atteggiamento verso queste sfide. Nel contesto di Giacomo 1, il termine "qualsiasi cosa" (Giacomo 1:7) si riferisce principalmente alla saggezza (Giacomo 1:5). Se tale persona non riesce a fidarsi completamente di Dio ("chiedi con fede", Giacomo 1:6), perde la fiducia che deriva dalla consapevolezza che Dio è sovrano sulle sue prove. Di conseguenza, non possono aspettarsi di ricevere dal Signore la saggezza spirituale di cui hanno bisogno.

Su una scala più ampia, la mancanza di fiducia in Dio mina la certezza di credere nella Sua verità rivelata, che comprende il Suo controllo su tutti gli aspetti della vita.

1:8 è un uomo di mente doppia, instabile in tutte le sue vie.

In questo passaggio, il termine "doppia mente" (greco: dipsychos , lett. due anime; cfr. Giacomo 4,8) descrive qualcuno che si fida e obbedisce a Dio solo parzialmente, mancando di coerenza nella propria fede. Tale persona è caratterizzata da opinioni o appartenenze divise, simili a individui come Lot (cfr Genesi 13-19), che vacillavano nella loro lealtà. Gesù parlò anche dell'impossibilità di servire due padroni (Matteo 6,24), evidenziando l'instabilità inerente alla devozione divisa.

Secondo il testo, l'individuo dalla "doppia mentalità" è instabile e instabile, esibendo una fede volubile e vacillante simile a quella di qualcuno che barcolla o vacilla come una persona ubriaca. Questo conflitto interiore è una battaglia continua tra fiducia e sfiducia in Dio.

Al contrario, Giacomo incoraggia i cristiani a cercare la prospettiva di Dio nelle prove (Giacomo 1:3-4) attraverso la preghiera. Insegna che i credenti possono trovare gioia anche nelle prove che li tentano ad allontanarsi dalla volontà di Dio. Questa gioia deriva dalla consapevolezza che rimanere fedeli nelle avversità consente a Dio di utilizzare queste sfide per produrre maturità spirituale e portare gloria a Se stesso. Pertanto, le prove diventano opportunità di crescita e di allineamento con gli scopi di Dio.

1:9 Il fratello umile si vanti della sua esaltazione,

Giacomo continua la sua esortazione esortando i suoi lettori ad allineare la loro prospettiva con quella di Dio riguardo alle loro prove (Giacomo 1:2-4). Ora espande questo consiglio per comprendere tutti gli aspetti delle loro circostanze.

In Giacomo 1:9, si rivolge ai credenti materialmente poveri, incoraggiandoli a trovare gioia concentrando i loro pensieri sulle loro ricchezze spirituali, sulla loro posizione elevata in Cristo. Questo cambiamento di prospettiva li sfida a vedere oltre la loro immediata mancanza materiale e a riconoscere il valore eterno e la dignità che possiedono come figli di Dio. Questa ricchezza spirituale contrasta con la loro povertà terrena, ricordando loro che la loro vera identità e valore si trovano nella relazione con Dio piuttosto che nei beni materiali.

L'insegnamento di Giacomo evidenzia il potere di trasformazione derivante dall'adozione del punto di vista di Dio. Abbracciando questa prospettiva, i credenti possono trovare gioia e forza anche in circostanze difficili mentre ancorano la loro identità e speranza nelle immutabili promesse e benedizioni di Dio.

1:10 e il ricco nella sua umiliazione perché morirà come il fiore dell'erba.

Giacomo si rivolge ai ricchi materialmente, avvertendoli di ricordare la natura fugace delle loro ricchezze, che "passeranno". Li incoraggia a riconoscere la loro vera posizione davanti a Dio, caratterizzata dall'umiltà piuttosto che dall'orgoglio per la loro ricchezza. Ciò contrasta nettamente con la comune enfasi sociale sul successo materiale e sullo status.

L'espressione "gloriarsi della propria umiliazione" (Giacomo 1,10) evidenzia la natura paradossale della fede cristiana, dove abbracciare l'umiltà e riconoscere la propria povertà spirituale davanti a Dio diventa fonte di vero onore. Questa idea riflette il tema biblico secondo cui Dio esalta gli umili e abbassa i superbi (Luca 18:14).

James utilizza immagini vivide per illustrare l'impermanenza della ricchezza materiale. Paragona le ricchezze dei ricchi all'erba che appassisce e ai fiori che appassiscono, attingendo al linguaggio profetico di Isaia 40:6-8. Questa metafora non solo sottolinea la natura transitoria dei beni terreni, ma serve anche a ricordare la brevità della vita stessa.

I commentatori discutono se James si rivolga specificamente ai credenti o a un pubblico più ampio con il suo ammonimento ai ricchi. Mentre alcuni sostengono che Giacomo si riferisca probabilmente a credenti ricchi, forse cristiani ebrei, dato il contesto (Giacomo 1:1; 5:1-6), altri suggeriscono un'applicazione più ampia, che comprende sia credenti che non credenti. In ogni caso, il messaggio di Giacomo risuona universalmente: la ricchezza materiale non ha alcun valore eterno di fronte alla morte e al giudizio divino (1 Timoteo 6:9-10, 17-19).

In definitiva, gli insegnamenti di Giacomo invitano tutti, indipendentemente dalle loro circostanze materiali, a trovare il loro vero valore e la loro sicurezza nella premurosa e amorevole preoccupazione di Dio, trascendendo le fugaci ricchezze e onori terreni.

1:11 Poiché il sole si leva con il suo ardore e fa seccare l'erba; il suo fiore cade e la sua bellezza perisce. Così anche il ricco svanirà nelle sue occupazioni.

"Il fiore" dell'"erba", come descritto da James, rappresenta la sua fase verde e vibrante quando è al culmine della salute e della vitalità. Tuttavia, questa crescita rigogliosa lascia rapidamente il posto all'appassimento e all'imbrunimento nel clima arido del Medio Oriente, a simboleggiare la natura transitoria della prosperità e della bellezza della vita (cfr Matteo 6,30). Allo stesso modo, Giacomo usa questa immagine per avvertire i ricchi che anche la loro abbondanza materiale, come l'erba rigogliosa, può rapidamente svanire ("morire") (Giacomo 1:10; 4:13).

Il contrasto tra ricchi e poveri evidenzia una verità spirituale più profonda: le distinzioni terrene non hanno alcun significato duraturo alla luce dell'eternità . Il commento di un ricco non credente su un povero amico cristiano evidenzia questa prospettiva, rivelando che mentre la ricchezza materiale rimane alla morte, il fedele credente eredita la vita eterna (cfr Giacomo 1,10).

James insegna che sia le prove che i trionfi nella vita sono temporanei. Questa comprensione serve a moderare la nostra resistenza attraverso le difficoltà e a proteggerci dall'eccessiva fiducia nei momenti di successo (Giacomo 1:2-4). Riconoscendo la natura fugace delle circostanze terrene, i credenti sono incoraggiati a coltivare una fede resiliente che rimane salda in ogni stagione della vita.

La sezione introduttiva di Giacomo (Giacomo 1:2-11) è in armonia con la sua conclusione (Giacomo 5:7-20). Entrambi i segmenti sottolineano l'importanza della pazienza nelle avversità (Giacomo 1:2-4; 5:7-12) e il potere della preghiera in tutte le circostanze (Giacomo 1:5-8; 5:13-18). Condividono anche un focus tematico sulle diverse esperienze e contrasti della vita (Giacomo 1:9-11; 5:19-20), illustrando l'approccio olistico di Giacomo alla saggezza spirituale e alla vita pratica nella fede cristiana.

1:12 Beato l'uomo che rimane saldo nella prova, perché, quando avrà superato la prova, riceverà la corona della vita, che Dio ha promesso a coloro che lo amano.

Giacomo ha spiegato lo scopo trasformativo delle prove nella vita dei cristiani, illustrando come Dio le usa per raffinare e perfezionare i credenti. Sottolinea l'importanza di acquisire la prospettiva di Dio nelle prove, soprattutto quando il loro scopo può sembrare oscurato dalle difficoltà.

Andando avanti, James affronta le conseguenze dell'obbedienza e della disobbedienza ed esplora le origini delle tentazioni. Il suo scopo è fornire ai suoi lettori la comprensione necessaria per gestire efficacemente le loro prove e rimanere saldi nella loro fede.

Alla luce dell'uso che Dio intende fare delle prove, Giacomo incoraggia i credenti a perseverare con gioia nella volontà di Dio. Sottolinea che ogni sfida esterna comporta anche una tentazione interna, un fascino al peccato (Giacomo 1:14). Pertanto, coloro che sopportano le prove senza cedere a queste tentazioni dimostrano il loro amore per Dio. Qui Giacomo usa la stessa parola greca per le prove del versetto 2, concentrandosi ora sull'aspetto negativo delle tentazioni che accompagnano le prove.

A coloro che sopportano fedelmente prove dure, resistendo alle tentazioni per amore di Dio, viene promessa "la corona della vita" (Giacomo 1:12), riecheggiando la certezza data in Apocalisse 2:10. Questa corona rappresenta la ricompensa finale: una vita eterna realizzata e una posizione esaltata presso Cristo, riservata a coloro che rimangono fedeli nonostante le prove (Matteo 5:3-10; 5:11-12).

Giacomo chiarisce che questa "vita che Dio ha promesso" supera il dono iniziale della vita eterna ricevuta al momento della salvezza (Giovanni 5:24). Significa una qualità di vita più elevata, concessa come ricompensa per aver perseverato fedelmente oltre la fede iniziale.

Tuttavia, Giacomo lancia anche un sobrio avvertimento attraverso l'analogia di Esaù, che ignorò il suo diritto di primogenitura per una gratificazione immediata (Genesi 25:29-34). Allo stesso modo, i cristiani che sottovalutano la loro eredità spirituale potrebbero perdere le loro benedizioni. Pur essendo eredi delle promesse di Dio, coloro che trascurano il loro diritto di nascita spirituale rischiano di essere rifiutati dalla benedizione ultima riservata ai fedeli.

In sintesi, Giacomo invita i credenti a perseverare nella loro fede nonostante le prove, resistendo alle tentazioni che le accompagnano, assicurando così la ricompensa eterna promessa da Dio a coloro che Lo amano e rimangono saldi nell'obbedienza.

Giacomo sottolinea l'importanza fondamentale dell'amore genuino per Dio tra i cristiani, sottolineando che non tutti coloro che affermano di credere veramente incarnano questo amore (Giacomo 1:12). Anche Gesù ritenne necessario esortare i suoi discepoli riguardo al loro amore per Lui (Giovanni 14:21-24), rivelando che l'amore per Dio si evidenzia più profondamente durante le prove e le sfide.

Il concetto di ricevere corone nella Scrittura simboleggia varie ricompense concesse ai credenti fedeli piuttosto che corone fisiche letterali. Queste ricompense simboliche evidenziano qualità come fedeltà, perseveranza, leadership, lealtà a Cristo, evangelizzazione, discepolato e vittoria sul mondo (1 Corinzi 9:25; 1 Tessalonicesi 2:19; 2 Timoteo 4:8; Giacomo 1:12; Apocalisse 2:10; 1 Pietro 5:4).

Queste corone e altre metafore come metalli preziosi e indumenti significano le ricompense eterne che attendono i credenti che dimostrano il loro amore per Dio perseverando nelle prove e rimanendo saldi nella loro fede. Esse comprendono non solo la promessa di un'abbondante vita eterna, ma includono anche benedizioni come il regnare con Cristo, l'intimità con Lui e l'eterna accettazione e lode da parte di Dio.

I credenti possono aspettarsi un'eredità futura che include l'ingresso nel regno di Dio, la vita eterna e la partecipazione alla gloria del regno di Cristo. Coloro che sopportano fedelmente le prove e dimostrano il loro amore per Dio erediteranno queste benedizioni al loro massimo potenziale nel presente e nel futuro.

1:13 Nessuno, quando è tentato, dica: «Sono tentato da Dio», perché Dio non può essere tentato dal male, ed egli non tenta nessuno.

Giacomo chiarisce una distinzione cruciale riguardo alle prove e alle tentazioni nella vita dei credenti. Afferma inequivocabilmente che Dio non è mai la fonte della tentazione (Giacomo 1:13). Contrariamente ad alcune credenze errate di alcuni ebrei che attribuivano l'esistenza dell'impulso malvagio alla creazione di Dio, Giacomo afferma che Dio, essendo completamente separato dal peccato, non può essere associato alla tentazione di qualcuno a peccare (Giacomo 1:13).

In termini teologici, anche se Dio permette che nella nostra vita si verifichino prove e sfide – come quelle illustrate nella storia di Giobbe (Giobbe 1-2) – Egli non ci tenta attivamente verso il peccato. Le fonti ultime della tentazione sono il mondo, la carne (la natura umana incline al peccato) e il diavolo (Giacomo 4:7; 1 Pietro 5:8). Questi elementi, che James non menziona esplicitamente in questo passaggio, sono i principali fattori che influenzano che portano gli individui ad azioni peccaminose.

L'insegnamento di Giacomo è in linea con le istruzioni di Gesù ai Suoi discepoli riguardo alla preghiera, in particolare nella Preghiera del Signore, dove Gesù usa una figura retorica (litotes) per enfatizzare la richiesta a Dio di non indurci in tentazione (Matteo 6:13; Luca 11:4). . Questa frase non deve essere interpretata come se implicasse che Dio tenta attivamente il Suo popolo, ma piuttosto sottolinea l'importanza di cercare la Sua guida e protezione dal fascino della tentazione.

L'implicazione pratica dell'insegnamento di Giacomo è che i credenti dovrebbero fare affidamento sulla forza di Dio per resistere alla tentazione e perseverare nelle prove senza attribuire la tentazione a Dio. Questa comprensione rafforza la necessità di una continua dipendenza dalla guida e dalla grazia di Dio , specialmente durante le avversità, per mantenere un cammino fedele con Lui.

1:14 Ma ciascuno è tentato quando è attirato e adescato dal suo desiderio.

Giacomo sottolinea la responsabilità personale quando si cede alla tentazione piuttosto che attribuirla a Dio. Chiarisce che Dio, nella Sua santità e bontà, non risponde positivamente al peccato. Tuttavia, essere suscettibili ai desideri peccaminosi rientra nella natura umana (Giacomo 1:13).

Il termine "desiderio" (epithymia), spesso tradotto come "lussuria", ha un significato più ampio nel Nuovo Testamento, comprendendo non solo le passioni sessuali ma anche i desideri egoistici e illeciti. Giacomo sottolinea che questi desideri hanno origine dentro di noi, riflettendo la nostra natura decaduta (Giacomo 1:14). Ciò contrasta con il carattere di Dio, che rimane incrollabilmente santo e giusto.

Comprendere la distinzione tra Dio che permette le prove e che ci tenta attivamente è cruciale. Giacomo traccia un parallelo con la paternità terrena: proprio come un padre amorevole non cerca di indurre suo figlio al peccato, ma gli permette di affrontare sfide e fare scelte morali per crescere e maturare, così anche Dio permette che affrontiamo prove, comprese tentazioni, per la nostra crescita spirituale (Giacomo 1:18; Luca 11:13). Dio, come Padre perfetto, dà solo buoni doni ai Suoi figli, cercando la loro crescita e maturità piuttosto che la loro caduta morale.

In termini pratici, riconoscere che le tentazioni nascono da noi stessi o da fonti esterne ma non da Dio aiuta i credenti ad affrontare le prove con una mentalità di responsabilità e con fiducia nella guida di Dio. Come un insegnante esperto che mette alla prova gli studenti per favorirne la crescita, Dio permette che le prove rafforzino la nostra fede e il nostro carattere, con l'intenzione sempre di maturare spiritualmente e avvicinarci a Lui. Questa prospettiva incoraggia i credenti a cercare la saggezza e la forza di Dio nel resistere alla tentazione, abbracciando al contempo le opportunità di crescita presentate attraverso le prove.

1:15 Allora il desiderio, quando è concepito, genera il peccato, e il peccato, quando è pienamente maturo, genera la morte.

Nel contesto dell'insegnamento di Giacomo, "lussuria" si riferisce a qualsiasi desiderio che cerca di soddisfarsi al di fuori della volontà di Dio. Comprende desideri nascosti nascosti nel cuore e azioni palesi che si manifestano come peccato se non controllate (Giacomo 1:14-15). Se non controllata, la lussuria porta inevitabilmente al peccato, e il peccato di cui non ci si pente alla fine porta alla morte spirituale e spesso fisica (Romani 6:21-23; 8:6).

James illustra vividamente questa progressione con l'analogia del concepimento, della nascita e della morte. Quando la lussuria concepisce e dà alla luce il peccato, il risultato finale è la morte, la separazione spirituale da Dio (Giacomo 1:15). Questo concetto contrasta nettamente con il desiderio di Dio di condurre i credenti alla pienezza della vita e con la promessa della corona della vita per coloro che sopportano fedelmente le prove (Giacomo 1:12).

L'identificazione da parte di Mayor di sette fasi successive della tentazione evidenzia come cedere alla lussuria implichi una resa graduale della volontà ai desideri peccaminosi piuttosto che sottomettersi alla guida di Dio (Giacomo 1:14). Questo processo graduale, se incontrollato, allontana gli individui dal percorso di giustizia previsto da Dio.

L'analogia di Martin Lutero sugli uccelli che volano in alto ma non fanno il nido tra i capelli di qualcuno racchiude in sé il fatto che, sebbene le tentazioni possano arrivare, i credenti possono resistere a cedere ad esse attraverso la vigilanza e la fiducia nella forza di Dio (Giacomo 4:7).

In definitiva, il messaggio di Giacomo costringe i credenti ad affrontare la gravità del peccato e le gravi conseguenze. L'immagine della morte serve a ricordare duramente che il cammino del peccato conduce lontano dalla vita abbondante di Dio e verso la morte spirituale. Resistere alla tentazione, d'altro canto, porta alla pienezza della vita promessa da Cristo (Giovanni 10:10).

In sintesi, Giacomo esorta i credenti a stroncare il peccato sul nascere della lussuria esercitando vigilanza sui propri desideri, confidando nella forza di Dio e obbedendo alla Sua volontà. Questa fermezza garantisce che i credenti camminino sul sentiero della vita, assicurando le ricompense eterne promesse a coloro che sopportano fedelmente le prove.

1:16 Non lasciatevi ingannare, fratelli miei carissimi.

Giacomo affronta la questione del carattere di Dio e dei Suoi rapporti con i Suoi figli, con l'obiettivo di dissipare ogni dubbio o idea sbagliata sulla bontà e sulle intenzioni di Dio (Giacomo 1:16). Questa difesa teologica del carattere di Dio è conosciuta come "teodicea", che cerca di giustificare la giustizia e la bontà di Dio nonostante la presenza del male e della sofferenza nel mondo.

Giacomo utilizza la frase enfatica "Non lasciatevi ingannare", usata altrove nella Scrittura per mettere in guardia contro l'incomprensione delle vie di Dio (1 Corinzi 6:9; 15:33; Galati 6:7; 1 Giovanni 3:7). Afferma inequivocabilmente che Dio non è la fonte della tentazione al peccato (Giacomo 1:13). Per illustrare questo punto, Giacomo fa riferimento all'esempio di Abraamo, che Dio mise alla prova comandandogli di sacrificare suo figlio Isacco (Genesi 22:2). Questa prova non era una tentazione a peccare ma una prova dell'obbedienza di Abramo, dimostrando in definitiva la provvidenza e la fedeltà di Dio impedendo il sacrificio di Isacco (Genesi 22:12).

Nei versetti 17 e 18 Giacomo chiarisce ulteriormente la natura e gli scopi di Dio. Sottolinea che ogni dono buono e ogni dono perfetto viene dall'alto, dal Padre della luce, che è immutabile e coerente nella sua bontà (Giacomo 1:17). Ciò contrasta nettamente con l'avvertimento di non cedere alla tentazione nel versetto 15, che evidenzia le gravi conseguenze del soccombere a desideri e azioni peccaminose.

La riflessione teologica di Giacomo mira a rassicurare i credenti sul carattere risoluto di Dio e sulle sue intenzioni benevoli nei loro confronti. Li incoraggia a confidare nella bontà e nella saggezza di Dio, anche nelle prove e nelle sfide. Questa comprensione aiuta i credenti a resistere all'inganno che Dio possa tentarli a peccare. Li spinge invece ad abbracciare la certezza della bontà e della grazia di Dio in ogni circostanza.

1:17 Ogni dono buono e perfetto viene dall'alto, discende dal Padre degli astri luminosi, presso il quale non c'è variazione né ombra dovuta a cambiamento.

Giacomo sottolinea che ogni atto di donazione e ogni dono perfetto ha origine da Dio (Giacomo 1:17). Il testo greco usa due parole distinte per evidenziarlo: " dosis ", che significa l'atto di donare, accompagnato dall'aggettivo di bene, e " dorema ", che si riferisce ai doni concreti ricevuti, preceduto dall'aggettivo di perfetto. Queste espressioni evidenziano che il dono di Dio è costantemente buono e che i Suoi doni sono sempre perfetti (Giacomo 1:17).

In contrasto con la bontà e la perfezione dei doni di Dio, Giacomo chiarisce che le tentazioni al peccato non vengono da Dio (Giacomo 1:13). Proprio come Dio creò il sole e la luna per portare luce e variazione, il Suo carattere e le Sue azioni sono caratterizzati da coerenza e purezza incrollabili, privi di qualsiasi variazione o ombra di cambiamento (1 Giovanni 1:5). Questa natura immutabile garantisce che tutto ciò che Dio fa è, in definitiva, per la Sua gloria e il beneficio della Sua creazione.

La frase "dall'alto", tradotta dalla parola greca " anothen ", riecheggia l'insegnamento di Gesù a Nicodemo sulla necessità di rinascere (Giovanni 3:7). In questo contesto, nascere di nuovo simboleggia la nuova nascita come dono di Dio, illustrando la Sua grazia e il potere di trasformazione nella vita dei credenti.

Il ritratto di Dio da parte di Giacomo come il Padre delle luci, più puro e più chiaro di tutte le fonti di luce create, rafforza l'impossibilità che Egli tenti qualcuno al male (Giacomo 1:17). Questa prospettiva serve ad ancorare i credenti nella certezza della bontà di Dio e del Suo incrollabile impegno nel fornire loro doni perfetti che conducano alla crescita e alla fioritura spirituale.

1:18 Egli ci ha generati mediante la parola di verità, di sua volontà, affinché fossimo una sorta di primizia delle sue creature.

Giacomo sottolinea che il dono più grande che Dio concede ai credenti è il dono della nuova vita in Cristo. Questo dono ha origine dall'iniziativa deliberata di Dio, descritta come "l'esercizio della Sua volontà", che evidenzia la Sua scelta sovrana di concedere la vita eterna attraverso la Sua speciale rivelazione, spesso definita "la parola della verità" (Giacomo 1:18).

L'affermazione di Giacomo della vita eterna come dono evidenzia la sua fede nella grazia di Dio come fondamento della salvezza. Questa prospettiva è in linea con la teologia paolina, dove la salvezza ha origine dalla volontà sovrana di Dio (Romani 4:21-22; 2 Corinzi 4:6). Dio dà inizio a questo dono per Sua volontà, sottolineando il Suo ruolo di autore e donatore della vita.

La metafora delle "primizie" nel versetto 18 si riferisce probabilmente ai credenti che perseverano fedelmente attraverso le prove. Nell'antico Israele, le primizie erano un'offerta speciale a Dio, simboleggiando l'eccellenza e l'onore. Allo stesso modo, coloro che rimangono saldi nella loro fedeltà a Cristo portano onore e gloria a Dio attraverso la loro perseveranza.

Il messaggio di Giacomo nei versetti 17-18 è chiaro: l'intenzione di Dio per tutte le persone, soprattutto per i credenti, è sempre quella di benedirle e farle crescere. Piuttosto che considerare le tentazioni di allontanarsi dalla volontà di Dio come inviate dal cielo, Giacomo esorta i credenti a riconoscerle come potenziali ostacoli alla crescita spirituale. Resistendo a queste tentazioni, i credenti si rafforzano in questa vita e anticipano una gloriosa ricompensa nel futuro.

Il contrasto tra lo scopo di Satana nella tentazione – far emergere il peggio dell'umanità – e lo scopo di Dio – far emergere il meglio – è evidente. Satana cerca di minare e distruggere, mentre Dio permette che le prove e le tentazioni raffinino e rafforzino il Suo popolo (cfr Giobbe 1-2).

Giacomo fornisce una visione completa dell'origine, del processo e della risoluzione della tentazione, sottolineando il ruolo di Dio come donatore di ogni dono buono e perfetto, in particolare della vita eterna attraverso Cristo. Questa comprensione fondamentale pone le basi per la successiva discussione di Giacomo sulla fede . Funziona nel capitolo 2, evidenziando la connessione inseparabile tra fede genuina, perseveranza costante e potere di trasformazione della grazia di Dio.

Ascoltare e mettere in pratica la Parola

Nella sua esortazione a rispondere alle prove, Giacomo sottolinea il ruolo centrale della Parola di Dio. Mette in risalto la ricettività, la reattività e la rassegnazione alla Parola di Dio, indispensabili per la crescita spirituale e la resilienza alle tentazioni (cfr Matteo 4,1-11).

Giacomo sottolinea l'importanza della **ricettività alla Parola** come primo passo. Essere aperti e accettare la Parola di Dio consente ai credenti di ricevere la guida e la saggezza divine in mezzo alle prove. Questa ricettività comporta l'ascolto della Parola e l'interiorizzazione delle sue verità e dei suoi principi nel proprio cuore e nella propria mente.

La reattività alla Parola deriva naturalmente dalla ricettività. Implica l'applicazione attiva degli insegnamenti e dei comandi che si trovano nella Scrittura alla propria vita. Proprio come Gesù rispose a ogni tentazione nel deserto con scritture appropriate, Giacomo incoraggiò i suoi lettori a usare la Parola di Dio contro il fascino del peccato e le prove che mettono alla prova la loro fede.

La rassegnazione alla Parola completa il ciclo sottolineando un impegno costante a vivere secondo la Parola di Dio. Ciò implica arrendere la propria volontà all'autorità di Dio e allineare le proprie azioni e decisioni con le verità rivelate nella Scrittura. Tale rassegnazione riconosce che la Parola di Dio fornisce la guida e gli standard definitivi per affrontare prove e sfide.

Fondando la sua esortazione nella Parola di Dio, Giacomo ne sottolinea il potere di trasformazione nel fornire ai credenti discernimento spirituale, forza e perseveranza. Proprio come Gesù si affidò alla Scrittura per vincere la tentazione, Giacomo incoraggia i suoi lettori a seguire l'esempio, sapendo che la Parola fornisce la conoscenza e la forza per resistere e crescere attraverso le prove.

1:19 Sappiate questo, fratelli miei carissimi: ogni uomo sia pronto ad ascoltare, lento a parlare, lento all'ira;

James sottolinea la necessità per i suoi lettori di allineare le proprie azioni con la propria conoscenza, in particolare in risposta alle prove. Nonostante gli vengano ricordati questi principi (versetti 17-18), Giacomo sottolinea che la semplice conoscenza non è sufficiente: deve essere accompagnata da azioni corrispondenti.

Comincia mettendo in guardia contro le comuni risposte negative alle prove, come la lamentela e la rabbia. Consiglia invece ai suoi lettori di moderarsi: essere "lenti a parlare" e "lenti all'ira". Questo consiglio li incoraggia a mantenere la calma ed evitare reazioni impulsive che possono peggiorare la loro situazione o portare al peccato.

Giacomo esorta all'ascolto attivo e alla sottomissione alla Parola di Dio, sostenendo che i credenti dovrebbero essere "pronti ad ascoltare" le istruzioni di Dio. Non si tratta semplicemente di leggere meccanicamente la Scrittura, ma di ascoltare attentamente con un cuore ricettivo e con la volontà di applicare i suoi insegnamenti nella loro vita.

La saggezza che Giacomo impartisce risuona con i consigli pratici che si trovano in vari proverbi (cfr Proverbi 10:19; 13:3; 14:29; 15:1; 17:27-28; 29:11, 20) e attinge a detti culturali che evidenziare l'importanza dell'ascolto piuttosto che del parlare. Evoca l'immagine di avere due orecchie e una bocca, suggerendo che una comunicazione efficace con Dio e gli altri implica ascoltare più che parlare.

Giacomo sfida i suoi lettori a incarnare la saggezza attraverso le loro azioni in risposta alle prove: frenare la lingua, controllare le emozioni e ascoltare attivamente la Parola di Dio. Questo approccio promuove la crescita e la maturità personale e favorisce l'armonia e la comunicazione efficace nelle loro relazioni.

1:20 **perché l'ira dell'uomo non produce la giustizia di Dio.**

Giacomo sottolinea che rispondere con rabbia alle tentazioni non è in linea con la giustizia che Dio desidera coltivare nel carattere e nella condotta dei credenti. Invece di permettere che prove e tentazioni li amareggino, James incoraggia i suoi lettori a vedere le sfide della vita come opportunità di crescita e miglioramento personale.

Egli critica un approccio fuorviante che cerca di raggiungere la giustizia attraverso mezzi politicamente motivati o violenti, un tema che approfondirà più avanti nella sua lettera (4:1-3). Questa condanna riflette la più ampia preoccupazione di Giacomo per il modo in cui i credenti affrontano prove e conflitti, sostenendo risposte radicate nella saggezza di Dio e caratterizzate dalla rettitudine piuttosto che dalla rabbia o da strategie mondane.

James esorta i suoi lettori ad abbracciare le prove come strumenti per il raffinamento spirituale, promuovendo una mentalità che cerca la crescita nella rettitudine piuttosto che nell'amarezza in risposta alle difficoltà della vita. Questa prospettiva evidenzia la saggezza pratica e la preoccupazione pastorale di James per il benessere olistico del suo pubblico.

1:21 **Allontanate dunque ogni sporcizia e malvagità dilagante e accogliete con mitezza la parola impiantata, che può salvare le vostre anime.**

Giacomo usa il termine "sporcizia" per comprendere tutte le forme di comportamento impuro che esulano dalla volontà di Dio, che possono includere manifestazioni come rabbia e ira. Si riferisce anche ai "resti della malvagità", che sono le abitudini e gli atteggiamenti persistenti della vita precedente e non redenta (cfr Sal 17,4; Luca 6,45). Ai credenti Giacomo consiglia un'accettazione sottomessa della verità rivelata di Dio ("ricevete la parola in umiltà") e una risposta cooperativa ai Suoi comandi. Questo atteggiamento ricettivo permette alla Parola di Dio di radicarsi profondamente, favorendo la crescita di un carattere e di una condotta retta nel credente.

La frase "che può salvare le vostre anime" ha suscitato alcuni dibattiti interpretativi. Alcuni suggeriscono che implichi la necessità di una salvezza continua dalla dannazione eterna per i lettori cristiani di James. Tuttavia, il contesto e l'uso di Giacomo chiariscono che questa frase non implica la perdita della salvezza o la necessità di ri-salvezza dopo aver peccato. Piuttosto, la parola greca "psiche", spesso tradotta con "anima", può anche essere intesa come "vita", riferendosi all'intera persona. In questo senso Giacomo sottolinea che la Parola di Dio è potente nel preservare e arricchire la vita spirituale dei credenti, aiutandoli a crescere nella fede e nella giustizia.

Questa comprensione è in linea con gli insegnamenti più ampi del Nuovo Testamento in cui "salvare le vostre anime" o "salvare le vostre vite" si riferisce alla preservazione e al miglioramento della propria vita spirituale piuttosto che alla salvezza iniziale dal peccato. Pertanto, Giacomo incoraggia i suoi lettori ad abbracciare la Parola di Dio con umiltà e obbedienza, sapendo che ha il potere di trasformazione necessario per coltivare una vita fruttuosa e giusta in Cristo.

Giacomo sottolinea che obbedendo alla Parola di Dio, il credente può preservare la propria vita – cioè l'intera persona – dalle conseguenze distruttive del peccato. Mentre la salvezza eterna è assicurata attraverso la fede in Cristo, Giacomo affronta le conseguenze pratiche del peccato nella vita del credente, che può portare a varie forme di morte, comprese conseguenze fisiche come la malattia o addirittura la morte fisica prematura (cfr Giacomo 1:15; 5:19-20; Romani 8:13; 1 Corinzi 11:30;

L'idea della morte come conseguenza del peccato risuona profondamente con la letteratura sapienziale dell'Antico Testamento, in particolare nei Proverbi, dove il rapporto tra vita retta e vita e stoltezza che porta alla morte è un tema ricorrente. Giacomo attinge a questo contesto per evidenziare i risultati pratici dell'obbedienza o della disobbedienza ai comandamenti di Dio. Per Giacomo, l'obbedienza alla Parola di Dio conduce alla "corona della vita" (Giacomo 1:12), che simboleggia la vitalità e la ricompensa spirituale. Al contrario, la disobbedienza può portare a vari esiti dannosi, comprese conseguenze fisiche e spirituali.

La comprensione di questo contesto chiarisce l'enfasi di Giacomo sulle implicazioni pratiche della fede e dell'obbedienza nella vita cristiana. Sottolinea l'importanza di allineare la propria condotta alla volontà di Dio per la crescita spirituale e la benedizione ed evitare le conseguenze dannose della disobbedienza. Pertanto, Giacomo incoraggia i suoi lettori ad abbracciare la saggezza e la rettitudine, sapendo che conducono a una vita che onora Dio ed evita le trappole del peccato e le sue ripercussioni.

1:22 Ma siate operatori della parola e non soltanto uditori, ingannando voi stessi.

Giacomo 1:19-21 si concentra sull'ascolto e sulla ricezione della Parola di Dio. Tuttavia, nei versetti 22-25, Giacomo sottolinea il passo cruciale dell'applicazione o della messa in pratica della Parola.

Giacomo dichiara che il semplice ascolto della Parola di Dio non è sufficiente; la vera obbedienza implica vivere attivamente i comandamenti di Dio, soprattutto di fronte alle tentazioni che mettono alla prova il proprio impegno verso la volontà di Dio. Mette in guardia contro l'autoinganno dei discepoli cristiani che potrebbero credere che la semplice conoscenza della volontà di Dio sia sufficiente senza un'azione corrispondente. Giacomo sottolinea invece che ascoltare e comprendere la Parola di Dio dovrebbe portare naturalmente a una vita obbediente.

Secondo James, l'applicazione pratica della Parola di Dio è essenziale per una fede genuina e una crescita spirituale. Lo illustra con l'analogia di una persona che guarda il proprio riflesso in uno specchio e dimentica immediatamente il suo aspetto quando si volta dall'altra parte. Allo stesso modo, coloro che ascoltano la Parola ma non la applicano alla propria vita sono come individui che vedono il proprio riflesso ma non riescono ad affrontare le questioni rivelate.

Giacomo sottolinea che la benedizione e il beneficio non derivano semplicemente dall'ascolto o dallo studio della Parola, ma dal fare attivamente ciò che dice. Questa enfasi sull'obbedienza pratica riflette il messaggio centrale della sua epistola, incoraggiando i credenti a integrare la loro fede con le loro azioni nella vita quotidiana. Per il pubblico originario di Giacomo, abituato a sentire le Scritture lette ad alta voce nelle sinagoghe, la sua esortazione sarebbe risuonata profondamente come una chiamata a vivere la propria fede in modo autentico e coerente.

1:23 Poiché, se uno è ascoltatore della parola e non esecutore, è simile a un uomo che guarda attentamente la sua faccia naturale in uno specchio. 1:24 Perché guarda se stesso, scompare e dimentica com'era.

L'illustrazione di Giacomo nei versetti 23-24, che paragona la persona che ascolta la Parola ma non la mette in pratica a qualcuno che guarda la propria immagine riflessa in uno specchio e poi dimentica il proprio aspetto, è infatti semplice e ampiamente compresa. Il verbo greco " katanoeo " implica un'osservazione deliberata e attenta piuttosto che uno sguardo rapido o superficiale.

Questa metafora evidenzia l'importanza di una risposta ponderata e riflessiva alla Parola di Dio. Proprio come una persona che si guarda allo specchio esamina attentamente il proprio riflesso per discernere eventuali imperfezioni o aggiustamenti necessari, così i credenti dovrebbero avvicinarsi attentamente alla Parola di Dio ed essere pronti ad applicare i suoi insegnamenti. Lo specchio rappresenta la Parola di Dio, che rivela verità su se stessi e sulla volontà di Dio.

L'uso di " katanoeo " da parte di James sottolinea la necessità che i credenti si impegnino profondamente con la Scrittura, non semplicemente sfiorandone la superficie. Mette in risalto la chiamata a studiare attentamente e interiorizzare la Parola di Dio, permettendo alle sue verità di modellare i loro pensieri, atteggiamenti e azioni. Questo approccio contrasta con l'ascolto passivo o la lettura senza risposta attiva o obbedienza.

In sintesi, Giacomo utilizza l'illustrazione dello specchio per sottolineare l'importanza di un impegno intenzionale e approfondito con la Parola di Dio, incoraggiando i credenti ad applicare diligentemente i suoi insegnamenti.

1:25 Ma colui che guarda alla legge perfetta, la legge della libertà, e persevera, non essendo un uditore che dimentica, ma un agente che agisce, sarà beato nelle sue azioni.

Giacomo si riferisce alla "legge" come alla rivelazione della volontà di Dio per i cristiani contenuta nella Scrittura, spesso descritta come perfetta perché riflette la volontà impeccabile di Dio stesso (cfr Matteo 5,17). A differenza di uno specchio metallico difettoso, questa legge fornisce un riflesso chiaro e non distorto della propria condizione spirituale.

Il termine "legge della libertà" significa che obbedendo alla Parola di Dio, i credenti trovano la vera liberazione dal peccato e dalle sue conseguenze distruttive, sperimentando così la vera vita come intesa da Dio (Giacomo 1:25). Questo concetto è in linea con l'insegnamento di Gesù sulla libertà nella verità (Giovanni 8:31-32), sottolineando che l'adesione alla Parola di Dio non è restrittiva ma piuttosto autorizza i credenti a vivere secondo la loro vera identità in Cristo.

Giacomo concorda con Paolo riguardo alla libertà che i cristiani hanno sotto la "legge di Cristo", che contrasta con i vincoli legalistici della Legge mosaica (Galati 5:1; 6:2; 1 Corinzi 9:21). L'Epistola di Giacomo è profondamente influenzata da questa perfetta legge di Cristo, in particolare dai principi articolati nel Discorso della Montagna (Matteo 5-7), che servono come guida fondamentale per la vita cristiana.

In sintesi, Giacomo evidenzia il potere trasformativo della Parola di Dio – la perfetta legge di Cristo – come essenziale affinché i credenti possano sperimentare le benedizioni di Dio nella vita presente e nel futuro promesso da Dio (Matteo 5:3-11). Questo insegnamento evidenzia l'importanza di ascoltare e ricevere la Parola di Dio e di obbedirle attivamente, che è al centro dell'esortazione di Giacomo in tutta la sua epistola.

1:26 Se qualcuno pensa di essere religioso e non tiene a freno la lingua ma inganna il suo cuore, la sua religione non vale nulla.

Giacomo introduce il termine "religioso" (gr. threskos) in Giacomo 1:26, una parola che si trova solo una volta nel Nuovo Testamento. Denota qualcuno che esprime esteriormente il proprio timore o adorazione di Dio attraverso osservanze religiose come l'elemosina , la preghiera, il digiuno e la partecipazione regolare ai servizi di culto e alle feste. Queste pratiche erano comunemente viste tra gli ebrei, che costituivano il pubblico principale dell'epistola di Giacomo.

Tuttavia, James sfida i suoi lettori affermando che la vera spiritualità non è semplicemente dimostrata da atti religiosi esterni. Invece, sottolinea l'importanza del controllo della lingua come misura più accurata della propria maturità spirituale (Giacomo 3:1-12). Questo spostamento di attenzione suggerisce che, sebbene le pratiche religiose abbiano il loro posto, devono essere accompagnate da un'autentica trasformazione del cuore e da una condotta etica.

La critica di Giacomo è in linea con gli insegnamenti di Gesù in Matteo 6:1-18, dove Gesù mette in guardia contro la pratica della giustizia semplicemente per il riconoscimento pubblico. Invece, Gesù incoraggia la sincerità e l'autenticità nella devozione a Dio, enfatizzando la disposizione interiore del cuore rispetto alle manifestazioni esterne di pietà.

L'uso del termine "religioso" da parte di James evidenzia la tensione tra gli atti religiosi esteriori e la trasformazione interiore che dovrebbe accompagnare la fede genuina. Esorta i suoi lettori a dare priorità a una vita di integrità e autocontrollo, in particolare nel modo in cui usano le parole, cosa che poi espone nel suo discorso sul potere e la responsabilità della parola (Giacomo 3:1-12).

1:27 La religione pura e senza macchia davanti a Dio Padre è questa: visitare gli orfani e le vedove nelle loro afflizioni e conservarsi puri dal mondo.

Giacomo sottolinea in Giacomo 1:27 che la vera religione implica qualcosa di più che semplici atti esteriori di pietà o di osservanza religiosa. Sottolinea due aspetti chiave che riflettono una spiritualità genuina: prendersi cura delle persone vulnerabili come gli orfani e le vedove e mantenere la purezza morale.

La cura per "gli orfani e le vedove" costituisce un significativo precedente biblico, che riflette il cuore di Dio per i membri emarginati e vulnerabili della società (Esodo 22:22-24; Deuteronomio 10:18; Isaia 1:17; Geremia 5:28; Ezechiele 22: 7; Zaccaria 7:10). Significa non solo azioni benevole, ma un impegno più profondo per la giustizia sociale e la compassione, allineando la propria condotta al carattere compassionevole di Dio.

Allo stesso modo, la purezza morale "pura e incontaminata" si riferisce al vivere liberi dalla contaminazione morale, sia nell'azione che nel pensiero. Questa purezza non è semplicemente esteriore, ma deriva dall'integrità interiore e dalla sincera devozione agli standard di Dio (Atti 15:20; 1 Timoteo 5:22). L'enfasi di Giacomo sulla purezza evidenzia l'importanza di mantenere un carattere retto che rifletta la santità di Dio.

Nell'interpretare Giacomo 1:27, diventa evidente che la vera religione trascende atti o rituali religiosi superficiali. Implica un impegno olistico a praticare quotidianamente la verità di Dio, manifestando amore verso gli altri attraverso la compassione e mantenendo l'integrità personale davanti a Dio e alla società. Questo approccio globale alla fede è in linea con gli insegnamenti di Gesù, che sottolineano l'integrazione della rettitudine interiore con le espressioni esterne di amore e giustizia.

Giacomo invita quindi i credenti a vivere autenticamente la propria fede, non semplicemente professandola con le parole ma dimostrandola attraverso atti di compassione e rettitudine morale. Questa applicazione pratica della fede è un'espressione tangibile del proprio rapporto con Dio. Riflette una genuina adesione ai principi del regno di Dio.

Nel capitolo 1 di Giacomo, le questioni pratiche delle prove e delle tentazioni servono da sfondo per lezioni spirituali più profonde che si applicano ampiamente alla vita cristiana. Giacomo usa queste sfide per evidenziare le verità fondamentali fondamentali per un impegno costante verso Dio e l'obbedienza alla Sua Parola.

Giacomo sottolinea l'importanza di rispondere adeguatamente alle tentazioni che ci allontanano dalla volontà di Dio. Invece di soccombere ad esse, Giacomo incoraggia i credenti a respingere fermamente queste tentazioni. Questa risposta non riguarda semplicemente l'evitamento, ma anche il gioire delle prove. Questa prospettiva deriva dalla convinzione che Dio usa prove e tentazioni per maturare e rafforzare la nostra fede per la Sua gloria.

Abbracciando questo approccio, i credenti dimostrano un genuino impegno religioso che trascende gli atti esterni di pietà. Implica una trasformazione interiore che riflette una profonda fiducia nella sovranità e nella bontà di Dio. Invece di considerare le prove come ostacoli, James insegna che possono essere opportunità di crescita e affinamento spirituale.

Pertanto, Giacomo incoraggia i cristiani a mantenere una fede salda nonostante le prove, sapendo che Dio opera attraverso queste sfide per approfondire il nostro carattere e la nostra fede. Questo atteggiamento rafforza la nostra relazione con Dio e testimonia il Suo potere di trasformazione, illustrando un impegno genuino e un'obbedienza alla Sua volontà.

Capitolo 1 Riepilogo

Introduzione e saluto (Giacomo 1:1): Giacomo, identificato come l'autore e probabilmente il fratello di Gesù, indirizza questa lettera ai cristiani ebrei dispersi all'estero, sottolineando la perseveranza nelle prove.

Gioia nelle prove (Giacomo 1:2-4): Giacomo inizia incoraggiando i credenti a considerare la gioia quando affrontano varie prove. Spiega che le prove mettono alla prova la nostra fede, producendo fermezza, che porta alla maturità spirituale. Incoraggia i credenti a lasciare che la fermezza abbia il suo pieno effetto affinché possano essere perfetti e completi, senza mancare di nulla.

Saggezza nelle prove (Giacomo 1:5-8): Giacomo istruisce i credenti a chiedere a Dio saggezza quando affrontano le prove, assicurando loro che Dio dà generosamente senza rimprovero. Tuttavia mette in guardia dal dubitare, sottolineando che una persona dalla doppia mente è instabile in tutte le sue vie e non dovrebbe aspettarsi di ricevere nulla dal Signore.

Ricchi e poveri (Giacomo 1:9-11): Giacomo si rivolge ai ricchi e ai poveri, esortando entrambi a trovare la propria identità nella loro posizione spirituale davanti a Dio piuttosto che nella loro ricchezza o povertà. Egli avverte i ricchi della natura transitoria della loro ricchezza e i poveri della loro dignità in Cristo.

Perseveranza nella tentazione (Giacomo 1:12-18): Giacomo mette in risalto la beatitudine di chi sopporta le prove, promettendo la corona della vita a coloro che amano Dio. Chiarisce che Dio non tenta nessuno con il male ma è donatore di ogni dono buono e perfetto. Spiega come la tentazione nasca dai nostri desideri che, una volta concepiti, danno origine al peccato e alla fine portano alla morte.

Ascoltare e agire (Giacomo 1:19-27): Giacomo sottolinea l'importanza di ascoltare e mettere in pratica la Parola di Dio. Consiglia ai credenti di essere pronti ad ascoltare, lenti a parlare e lenti all'ira. Egli contrappone il semplice ascolto all'obbedienza attiva, paragonando coloro che ascoltano ma non fanno a qualcuno che si guarda allo specchio e dimentica il proprio riflesso. Incoraggia la vera religione espressa attraverso la cura dei vulnerabili (orfani e vedove) e il mantenimento della purezza personale pur essendo incontaminati dal mondo.

Riepilogo e conclusione: nel capitolo 1, Giacomo fornisce saggezza pratica per affrontare le prove, cercare la saggezza di Dio, comprendere la natura della tentazione e vivere una fede autentica attraverso l'azione obbediente. Sottolinea il potere trasformativo delle prove e l'importanza della fermezza, della saggezza e dell'obbedienza attiva nella vita cristiana. James pone le basi per ulteriori discussioni sulla fede, sulle opere e sulle implicazioni pratiche del vivere la propria fede nella comunità e nella società.

Capitolo 1 Preghiera

Padre celeste,

Veniamo davanti a te con cuore aperto e umile, cercando la tua saggezza e grazia nelle prove e nelle tentazioni. Come ci ha insegnato Giacomo, la tua Parola ci ricorda di considerare ogni gioia quando affrontiamo le varie prove, sapendo che la nostra fede viene messa alla prova e rafforzata attraverso di esse . Signore, aiutaci ad abbracciare questa prospettiva, comprendendo che nelle prove, Tu ci stai raffinando, modellandoci a immagine di Tuo Figlio, Gesù Cristo.

Concedici, o Signore, la saggezza per chiederti quando manchiamo di comprensione, credendo che Tu doni a tutti con generosità e senza rimprovero. Rafforza la nostra fede, Padre, affinché possiamo rimanere saldi e incrollabili, confidando nel Tuo piano sovrano per le nostre vite anche in mezzo alle difficoltà.

Custodisci i nostri cuori, Signore, dalle lusinghe della tentazione. Aiutaci a riconoscere la fonte della tentazione e a resistervi con la potenza del Tuo Spirito. Che possiamo essere pronti ad ascoltare la Tua Parola, lenti a parlare in fretta e lenti all'ira, riflettendo la Tua pazienza e grazia in tutte le nostre interazioni.

Padre, insegnaci a essere non solo ascoltatori della tua Parola ma anche operatori, dimostrando il tuo amore e la tua verità nelle nostre azioni verso gli altri. Possano le nostre vite essere segnate da una cura genuina per i vulnerabili, gli orfani e le vedove, e da un impegno per la purezza personale, rimanendo incontaminati dai valori di questo mondo.

Grazie, Signore, per la Tua perfetta legge di libertà che ci guida nella giustizia. Rafforza la nostra determinazione a vivere fedelmente secondo la Tua Parola, sapendo che così facendo troviamo la vera libertà e Ti onoriamo in tutto ciò che facciamo.

Nel nome di Gesù, preghiamo, Amen.

Capitolo 1 Domande

Qual è la ragione principale per cui Giacomo dice che i credenti dovrebbero considerare tutta una gioia quando affrontano varie prove?

Qual è il risultato finale nel lasciare che la perseveranza finisca il suo lavoro?

Cosa dovrebbe fare un credente se manca di saggezza?

Come dovrebbe un credente chiedere saggezza?

Cosa succede a una persona che dubita quando chiede saggezza?

Come viene descritta una persona che dubita?

Come dovrebbero vedere la loro situazione i credenti di circostanze umili?

Come dovrebbero vedere i ricchi la loro situazione?

Quale analogia usa James per descrivere la natura temporanea della ricchezza?

Cosa è promesso a chi persevera nella prova?

Cosa non dovrebbe dire nessuno quando è tentato?

Come avviene la tentazione, secondo James?

Qual è la progressione del peccato descritta in Giacomo 1:15?

Su cosa non dovrebbero lasciarsi ingannare i credenti?

Come ha scelto Dio di farci nascere?

Come dovrebbero rispondere i credenti all'ascolto della Parola di Dio?

Perché i credenti dovrebbero liberarsi di tutta la sporcizia e il male morale?

Cosa dice Giacomo riguardo al semplice ascolto della Parola?

Come descrive Giacomo qualcuno che ascolta la Parola ma non fa quello che dice?

Cosa è promesso a chi guarda attentamente la legge perfetta che dona la libertà e continua in essa?

Giacomo Capitolo 2:1-26

Il peccato di parzialità

L'Epistola di Giacomo traccia un parallelo significativo tra gli insegnamenti di Gesù nel Sermone della Montagna e nel Sermone della Pianura e il commento pratico di Giacomo per la chiesa. Questo parallelo riguarda l'oggetto e gli elementi strutturali, offrendo un ricco arazzo di applicazioni per la vita di tutti i giorni.

Matteo 7 e Giacomo 2 condividono sorprendenti somiglianze. Ad esempio, Matteo 7:1-27 enfatizza il divieto di giudizio, illustrato dagli avvertimenti contro il giudizio ipocrita e l'importanza di rimuovere i propri difetti prima di aiutare gli altri con i propri. Allo stesso modo, Giacomo 2:1-26 affronta la questione del favoritismo giudicante all'interno della chiesa, esortando i credenti a non mostrare parzialità basata sullo status sociale.

Entrambi i passaggi sottolineano anche l'importanza di trattare gli altri come si vorrebbe essere trattati, racchiusa in Matteo 7:12 e ripresa in Giacomo 2:8-11, dove Giacomo riassume la legge nell'amare gli altri come se stessi.

Il capitolo 2 di Giacomo si concentra in particolare sulla pratica dannosa della parzialità e sulla sua contraddizione con la fede genuina. Mostrando favoritismi, i cristiani non riescono a dimostrare un amore coerente per tutte le persone, un tema che Giacomo affronta in tutta la sua epistola. Proprio mentre affronta le incoerenze nella visione dei processi (Capitolo 1) e nel controllo della parola (Capitolo 3), James evidenzia l'incoerenza nel mostrare un trattamento ineguale agli altri nel Capitolo 2.

La coerenza, sottolinea James, è cruciale non solo nella comprensione teologica ma anche nella vita cristiana pratica. Come in cucina, dove la precisione garantisce la riuscita di un piatto, nella vita cristiana la coerenza nell'amore e nel trattamento degli altri riflette l'autenticità della propria fede e l'adesione ai comandamenti di Dio.

La critica di Giacomo alla religiosità ipocrita contenuta in Giacomo 1:26-27 funge da catalizzatore per affrontare un problema diffuso tra gli ebrei cristiani del suo tempo . Rimane attuale anche oggi: l'amore incoerente per gli altri, evidenziato dal modo in cui gli individui vengono trattati in base al loro status sociale. Questa incoerenza fondamentale ha spinto James a scrivere il capitolo 2, esortando il suo pubblico ad affrontare questo fallimento morale e ad avanzare verso la maturità spirituale.

La connessione tra la condanna della discriminazione sociale da parte di James nel capitolo 2 e i suoi primi insegnamenti nel capitolo 1 è evidente. Favorire i ricchi mostrando apatia o disprezzo verso i poveri sono visti da James come due facce della stessa medaglia moralmente fallita. Questi comportamenti contraddicono direttamente gli standard della vera religione delineati in Giacomo 1:27 e il comandamento di amare il prossimo come se stessi in Giacomo 2:8.

Il credente, insiste James, deve dimostrare cortesia, compassione e coerenza universali nelle sue interazioni con gli altri. Ciò implica trattare tutti con equità, amore e fedeltà, virtù essenziali che riflettono una fede genuina e l'obbedienza ai comandamenti di Dio.

Lo scopo di Giacomo nel capitolo 2 è sfidare i cristiani ad affrontare e correggere il modo in cui trattano gli altri in modo incoerente, progredendo così verso una maturità spirituale più profonda radicata nell'amore autentico e nella vita retta.

2:1 Fratelli miei, non mostrate parzialità mentre conservate la fede nel nostro Signore Gesù Cristo, il Signore della gloria.

James affronta la questione del favoritismo personale direttamente e inequivocabilmente nella sua epistola. Sottolinea che mostrare parzialità, soprattutto basata su distinzioni terrene come lo status sociale, contraddice il culto del "nostro glorioso Signore Gesù Cristo" (Matteo 22:16; Atti 10:34). Alla presenza di Cristo, tutte le distinzioni terrene svaniscono (Ebrei 1:2-3), sottolineando l'incoerenza dei cristiani che praticano il favoritismo.

L'uso da parte di James del termine "glorioso" nel rivolgersi ai suoi lettori come "miei fratelli e sorelle" è significativo. Mette in risalto la sua chiamata affinché incarnino la gentilezza fraterna che è in linea con il carattere del loro glorioso Signore Gesù Cristo. Il riferimento a "glorioso" si ispira probabilmente al concetto ebraico di Shekinah, la presenza divina di Dio in mezzo al Suo popolo, che simboleggia la vera gloria che dovrebbe guidare la condotta cristiana.

Per James, la fede genuina in Cristo dovrebbe eliminare ogni ammirazione per la gloria superficiale dello status sociale. Distingue la "parzialità" o "favoritismo" (greco: prosopolepsia) dalla vera giustizia, che rispetta le persone in base al loro valore intrinseco piuttosto che alle circostanze esterne. Questo concetto riecheggia in Romani 2:11, Efesini 6:9, Colossesi 3:25 e Atti 10:34, sottolineando la chiamata cristiana all'imparzialità e all'equità in tutti i rapporti.

Giacomo sfida i credenti a rifiutare il fascino dello status sociale e a dimostrare invece un amore simile a quello di Cristo che trascende le distinzioni terrene, riflettendo la vera gloria del loro Signore Gesù Cristo.

Il favoritismo (parzialità) mostra una preferenza ingiusta per una persona o un gruppo rispetto a un altro, spesso a scapito di quest'ultimo. Può essere radicato in vari fattori come preferenze personali, relazioni o criteri ingiusti.

Il pregiudizio consiste nel formare un giudizio o un'opinione su qualcuno o qualcosa senza una conoscenza sufficiente, spesso sulla base di stereotipi o nozioni preconcette piuttosto che su prove concrete. Ciò può portare a trattamenti ingiusti o ostilità nei confronti di individui o gruppi percepiti come diversi.

Il pregiudizio è una tendenza o inclinazione verso o contro qualcosa, qualcuno o un gruppo, spesso considerato in un modo ingiusto o ingiusto. I pregiudizi possono influenzare decisioni, azioni o giudizi, influenzando il trattamento degli individui in base alle preferenze o ai pregiudizi personali.

La predilezione indica una preferenza o una simpatia per qualcosa, suggerendo una predisposizione verso una scelta o un gruppo particolare. Implica un pregiudizio o un'inclinazione positiva verso determinati individui o cose, spesso senza connotazioni negative associate a pregiudizi o trattamenti ingiusti.

Ciascuno di questi termini comporta implicazioni sul modo in cui gli individui interagiscono con gli altri e prendono decisioni, evidenziando l'importanza dell'equità, della comprensione e dell'empatia nei contesti personali e sociali.

2:2 Infatti, se nella vostra assemblea entra un uomo che porta un anello d'oro e una veste raffinata, e entra anche un povero vestito in modo logoro, 2:3 e se prestate attenzione a colui che indossa una veste raffinata, e dite: « Tu siedi qui in un buon posto», mentre dici al povero: «Stai lì», oppure: «Siediti ai miei piedi»,

In Giacomo 2:2-3, lo scenario descritto è stato soprannominato da alcuni commentatori "il caso dell'usciere miope". Se James abbia presentato una situazione ipotetica o abbia raccontato un incidente reale rimane dibattuto tra gli studiosi. Tuttavia, la sua realtà ha poco significato per il messaggio del passaggio.

Giacomo illustra una scena in cui alcuni individui partecipano a un raduno, forse a un servizio di culto o a un incontro di congregazione, in cui la parzialità è evidente. Il termine "assemblea" qui, tradotto dal greco "sinagoga", si riferisce probabilmente ai primi raduni cristiani nelle sinagoghe ebraiche prima che i credenti venissero espulsi dalle loro controparti ebraiche non credenti. Questo contesto suggerisce che Giacomo scrisse questa epistola durante le prime fasi della storia della chiesa.

Alcuni commentatori discutono se questo passaggio si riferisca a un servizio di culto pubblico o a un incontro congregazionale incentrato su una questione giudiziaria. Il termine "sinagoga" inizialmente denotava un luogo di culto pubblico nella letteratura paleocristiana. Tuttavia, i versetti successivi suggeriscono un contesto giudiziario. Tuttavia, questo dibattito accademico non altera in modo significativo il significato del passaggio.

Le prime comunità cristiane erano spesso costituite prevalentemente da membri umili e poveri. Di conseguenza, la conversione di un individuo ricco rappresentava la tentazione di elevarlo a convertito prestigioso, concedendogli potenzialmente un favore indebito. James mette in guardia contro tali favoritismi, mettendo in guardia dal trattare i ricchi in modo diverso a causa del loro status socioeconomico.

Ai tempi di Giacomo, un "anello d'oro" simboleggiava l'appartenenza alle alte sfere della società romana. Tuttavia, l'uso di James potrebbe non essere così specifico. Il funzionario incaricato della disposizione dei posti nella sinagoga, noto come chazzan, indirizzava i partecipanti ai loro posti. Nel frattempo, l'abbigliamento giocava un ruolo cruciale nel distinguere lo status sociale, con i "vestiti luminosi" che significavano ricchezza e prestigio, in contrasto con i "vestiti sporchi" che denotavano povertà.

Questi dettagli arricchiscono la nostra comprensione della critica di Giacomo ai favoritismi all'interno della prima comunità cristiana, sottolineando l'importanza dell'imparzialità e della cura genuina per tutti i credenti, indipendentemente dalla loro posizione sociale o economica.

2:4 Non avete dunque fatto distinzioni tra voi e non siete diventati giudici con pensieri malvagi?

La domanda retorica di James: "Non hai...?" nel testo originale greco anticipa una risposta positiva, sottolineando l'aspettativa di un trattamento equo e imparziale. Nello scenario descritto, le azioni dell'usciere esemplificano due errori significativi. In primo luogo, mostrando favoritismi o facendo distinzioni in base ai potenziali benefici che il ricco poteva apportare alla Chiesa, l'usciere non riusciva a estendere la stessa grazia a tutti, contrariamente alla natura imparziale di Dio. Questo approccio ambiguo riflette l'ipocrisia, secondo la quale il pensiero mondano influenza le decisioni che dovrebbero allinearsi ai principi di Dio (Giacomo 1:8).

In secondo luogo, il giudizio dell'usciere nel far sedere i visitatori rivela "motivi malvagi" sottostanti. Invece di dare priorità all'ospitalità e alla cura genuina, l'usciere le valutava in base a ciò che la chiesa poteva trarne profitto. Questa prospettiva contrasta nettamente con il mandato biblico dato ai cristiani e alle chiese di servire gli altri altruisticamente piuttosto che cercare un guadagno personale o istituzionale (Marco 10:45).

La dichiarazione si conclude con una forte riflessione sul pregiudizio, sottolineando che esso non solo danneggia chi lo subisce, ma si riflette anche negativamente sul carattere di chi lo pratica. Ciò è in linea con gli insegnamenti biblici che enfatizzano il trattamento degli altri con amore e rispetto, indipendentemente dallo status sociale o dai potenziali benefici che possono portare (Giacomo 2:1-9).

2:5 Ascoltate, fratelli miei carissimi, Dio non ha scelto i poveri del mondo perché fossero ricchi nella fede ed eredi del regno, che ha promesso a coloro che lo amano?

Giacomo pone tre domande retoriche in questi versi, ciascuna progettata per suscitare un'affermazione positiva, riflettendo la struttura del testo greco. In Giacomo 2:5, egli mette in risalto la scelta deliberata di Dio dei "poveri di questo mondo affinché diventino ricchi nella fede" e ereditino il Suo regno. Questa scelta sfida i cristiani ad allineare le loro azioni ai valori di Dio, soprattutto per quanto riguarda il modo in cui trattano le persone economicamente svantaggiate (Matteo 5:3; Luca 6:20).

La narrazione biblica evidenzia costantemente la preferenza di Dio per i poveri e gli umili rispetto ai ricchi e ai potenti (Luca 1:52; 1 Corinzi 1:26). Questa preferenza affonda le sue radici nella constatazione che i poveri spesso si affidano a Dio, confidando in Lui più profondamente per soddisfare i loro bisogni. Il "regno" a cui si fa riferimento qui probabilmente denota il regno messianico di Cristo, attualmente stabilito in cielo, dove i credenti partecipano al Suo governo (Giacomo 1:12; Matteo 5:3, 5; Marco 10:17-22; 1 Corinzi 6:9 -10; Galati 5:21; Efesini 5:5).

Ci sono interpretazioni divergenti riguardo a chi costituisce esattamente gli "eredi del regno". Mentre alcuni lo intendono in generale come tutti i credenti che si allineano con Cristo, altri suggeriscono che si riferisca specificamente ai discepoli fedeli che vivono attivamente la loro fede. Indipendentemente da ciò, Giacomo sottolinea che la scelta di Dio dei poveri e della loro fede ricca mette in luce i valori del Regno, incoraggiando i cristiani a emulare questa prospettiva nei loro atteggiamenti e azioni verso gli altri.

2:6 Ma tu hai disonorato il povero. Non sono i ricchi quelli che ti opprimono e quelli che ti trascinano in tribunale?

Quando un cristiano disonora i poveri, contraddice direttamente il modo in cui Dio li tratta, come evidenziato in passaggi come 1 Corinzi 11:22 e 1 Pietro 2:17. Invece di mostrare favoritismo verso i compagni di fede, James ricorda ai suoi lettori che storicamente i ricchi spesso li opprimevano. Questa oppressione potrebbe manifestarsi in varie forme, inclusi maltrattamenti fisici o persecuzioni legali, come evidenziato in passaggi come Marco 13:9, Atti 4:1-3, Atti 13:50, Atti 16:19 e Atti 19:23-41. .

Giacomo sottolinea l'incoerenza di stimare i propri nemici disprezzando quelli della stessa comunità cristiana. Il termine "opprimere" implica un grave maltrattamento che potrebbe portare anche a trascinare qualcuno in tribunale ingiustamente, sia attraverso la forza fisica che con manovre legali.

Questa prospettiva sfida i cristiani a riflettere la natura imparziale e compassionevole di Dio nelle loro interazioni, specialmente verso coloro che sono economicamente o socialmente svantaggiati. Sottolinea l'importanza di allineare le proprie azioni ai valori di giustizia, misericordia e amore di Dio piuttosto che perpetuare pregiudizi e ingiustizie mondane.

2:7 Non sono essi quelli che bestemmiano il nome glorioso contro cui sei stato chiamato?

I ricchi non solo tendono ad opporsi ai cristiani, ma spesso bestemmiano o parlano con disprezzo di Cristo stesso, come era vero ai tempi di Giacomo e continua ad essere una realtà oggi. Giacomo sottolinea l'incoerenza nel dare un onore speciale a coloro che mostrano disprezzo per il Signore, che i credenti amano e servono profondamente. Bestemmiare, secondo il termine greco " blasphemeo ", significa deridere o parlare in modo irrispettoso di Dio. Ciò potrebbe essere stato particolarmente diffuso tra gli ebrei non credenti durante l'era di Giacomo (cfr. Atti 13:45).

Quando Giacomo si riferisce al "buon nome con cui sei stato chiamato", probabilmente intende il nome sotto il quale i credenti trovano la loro identità e protezione piuttosto che semplicemente i loro nomi personali. Ciò sottolinea il significato spirituale dell'allineamento ai valori di Cristo piuttosto che agli standard mondani.

Per quanto riguarda l'apparente critica di Giacomo ai ricchi nei versetti 6 e 7, è importante notare che egli non ha pregiudizi nei confronti dei ricchi come individui ma sta evidenziando il comportamento di alcuni individui ricchi per evidenziare la follia di dare loro un trattamento preferenziale. Ciò è in linea con gli insegnamenti di Gesù di amare anche i nostri nemici (Matteo 5:44; Luca 6:27, 35), sottolineando che l'imparzialità e l'amore dovrebbero guidare il modo in cui i cristiani interagiscono con gli altri, indipendentemente dal loro status sociale o economico.

2:8 Se adempi la legge reale secondo la Scrittura: "Amerai il tuo prossimo come te stesso", stai facendo bene.

L'intento di Giacomo non è quello di scoraggiare l'onore verso i ricchi ma di sostenere un amore e un rispetto universali verso tutti gli individui, in linea con il principio di trattare gli altri come vorremmo essere trattati noi stessi (Matteo 7:12; Levitico 19:18). Il termine "legge reale", dal greco " basilikos ", denota una legge associata alla regalità o alla regalità. In questo contesto, si riferisce alla legge del Re che regna sul regno che i credenti ereditano (Giacomo 2:5). Questa legge governa tutte le relazioni umane, superando le altre leggi riguardanti la condotta interpersonale (Matteo 22:39; Levitico 19:18).

L'epiteto "reale" significa anche l'eccellenza e la nobiltà di questa legge, indicando che riflette una condotta del più alto ordine morale, adatta ai sudditi di un re. Questo concetto è in sintonia con la concezione della "lex regia" da parte dell'Impero Romano, nota per la sua autorità e universalità in tutto il regno.

Giacomo sottolinea che la "legge reale" di Cristo sostituisce le leggi o gli standard terreni, compresi quelli imposti da governanti come Cesare. Pertanto, i cristiani sono chiamati a sostenere questa legge di amore e uguaglianza, trattando tutti con dignità e rispetto, indipendentemente dallo status sociale o dalle distinzioni mondane.

2:9 Ma se mostrate parzialità, commettete peccato e siete legalmente condannati come trasgressori.

In questo versetto Giacomo impiega la forma verbale della parola greca " prosopolepteo ", che usa anche nel versetto 1 di questo brano (2:1-13). La questione che James affronta qui è la pratica di mostrare parzialità, che contraddice direttamente la "legge reale" di cui parla prima. Questa legge reale impone di trattare tutti gli individui con uguale rispetto e dignità, senza favorire alcuni rispetto ad altri (Atti 10:34). Tale trattamento preferenziale non solo viola i principi di uguaglianza e giustizia inerenti alla Parola di Dio, ma ignora anche i comandi specifici che delineano la volontà di Dio per relazioni interpersonali giuste e giuste (Matteo 7:12; Levitico 19:15).

Il passaggio evidenzia la chiamata a dimostrare amore coerente piuttosto che semplici gesti educati di inclusione. Sottolinea che gli individui a basso reddito dovrebbero essere pienamente accolti all'interno della comunità ecclesiale. Le differenze economiche non dovrebbero influenzare il modo in cui vengono offerti i ministeri; piuttosto, tutti, indipendentemente dalla situazione finanziaria, meritano uguale discepolato, cura pastorale e amore. Questa prospettiva sfida la Chiesa a dare priorità alla cura spirituale e relazionale rispetto alle considerazioni materiali, affermando la dignità di ogni persona agli occhi di Dio.

In definitiva, qualsiasi atto di favoritismo mina la legge suprema di amare il prossimo come se stessi, che racchiude in sé tutti i principi che governano le relazioni umane. Questa legge globale richiede che i cristiani sostengano la giustizia, l'equità e l'amore incondizionato nelle loro interazioni con gli altri, riflettendo il carattere di Dio e i valori del Suo Regno nella loro vita quotidiana.

2:10 **Perché chiunque osserva tutta la legge ma viene meno in un punto, si rende colpevole di tutta questa legge.**

James prevede che alcuni dei suoi lettori potrebbero minimizzare l'importanza di mostrare un trattamento preferenziale. Pertanto sottolinea con enfasi che tali pratiche violano la legge di Dio. Secondo la legge di Dio si diventa colpevoli favorendo certi individui rispetto ad altri. L'affermazione di Giacomo secondo cui "chiunque osserva tutta la legge ma viene meno in un punto, diventa colpevole di tutta essa" (Giacomo 2:10) chiarisce che la violazione di qualsiasi parte della legge di Dio costituisce una violazione della Sua intera norma morale piuttosto che semplicemente del comando specifico violato.

Storicamente, il pensiero ebraico ha spesso segmentato la legge in comandamenti isolati, dove obbedire poteva guadagnare meriti e disobbedire comportava sensi di colpa, simili a un registro finanziario. Questa mentalità persiste oggi sia tra gli ebrei che tra i gentili.

Giacomo contrasta questa prospettiva affermando che l'obbedienza alla volontà di Dio non può essere selettiva o parziale. La legge di Dio forma un tutto unitario, esprimendo la Sua volontà completa per il Suo popolo. Proprio come la rottura di un singolo vetro di una finestra ne manda in frantumi l'integrità, la violazione di qualsiasi parte della legge di Dio sconvolge la Sua struttura morale. Attraversare qualsiasi confine proibito costituisce una trasgressione alla legge, non semplicemente un comandamento specifico.

Pertanto, Giacomo sottolinea la natura olistica della legge di Dio e sottolinea la necessità di un'obbedienza coerente in tutti gli aspetti della vita. Questa prospettiva sfida i credenti ad abbracciare la volontà di Dio, riconoscendo che la vera giustizia deriva dalla devozione sincera ai Suoi comandamenti piuttosto che dall'adesione selettiva basata sulle preferenze o convenienze personali.

2:11 **Infatti colui che ha detto: "Non commettere adulterio", ha detto anche: "Non uccidere". Se non commetti adulterio ma uccidi, sei diventato un trasgressore della legge.**

Giacomo illustra il suo punto sulla gravità della violazione della legge di Dio con uno scenario ipotetico che coinvolge due trasgressioni estreme: "adulterio" e "omicidio". Sebbene sia vero che non tutti i peccati comportano lo stesso livello di conseguenze (alcuni peccati possono avere conseguenze più gravi di altri), ogni peccato, indipendentemente dalla sua natura o dalle sue conseguenze, rappresenta una violazione fondamentale della volontà di Dio.

In questo contesto, Giacomo sottolinea l'uguaglianza di tutti i peccati nella loro natura come disobbedienza agli standard morali di Dio. Adulterio e omicidio sono usati come esempi per sottolineare la gravità della violazione di qualsiasi parte della legge di Dio. Entrambi gli atti sono condannati nelle Scritture, evidenziando le gravi conseguenze del fallimento morale e del disprezzo dei comandi di Dio.

Il punto di James è cruciale nel ricordare ai credenti che nessun peccato dovrebbe essere preso alla leggera, indipendentemente da quanto apparentemente minore o maggiore. Ogni peccato interrompe la relazione tra l'umanità e Dio, rendendo necessario il pentimento e il perdono. Questa comprensione incoraggia un approccio olistico all'obbedienza, in cui i credenti si sforzano di onorare la volontà di Dio in tutti gli aspetti della vita, riconoscendo la gravità di ogni fallimento morale e cercando la restaurazione attraverso il sacrificio espiatorio di Cristo.

2:12 Parlate e agite dunque come coloro che devono essere giudicati secondo la legge della libertà.

«La legge della libertà», come la chiama Giacomo (cfr Giacomo 1,25), comprende la legge di Dio che porta la liberazione ai credenti. Questo concetto è in linea con gli insegnamenti dell'apostolo Paolo secondo cui "è per la libertà che Cristo ci ha liberati" (Galati 5:1). Questa libertà sotto la legge di Cristo (1 Corinzi 9:21; Galati 6:2) contrasta con le prescrizioni legalistiche della legge mosaica. Sebbene i credenti godano di questa libertà, devono anche riconoscere che rimangono responsabili davanti al giudizio di Dio (Romani 14:10-13; 1 Corinzi 3:12-15; 2 Corinzi 5:10).

Giacomo sottolinea che questo giudizio riguarda principalmente i credenti e avverrà presso il tribunale di Cristo (2 Corinzi 5:10). Pertanto, i credenti sono esortati a vivere e ad agire in base a questo giudizio imminente, in particolare evitando pregiudizi o favoritismi verso gli altri. Questo ammonimento sottolinea l'importanza di praticare l'imparzialità e di trattare gli altri con la stessa grazia e rispetto che Dio ha mostrato loro.

Mentre i cristiani sperimentano la liberazione dai vincoli dell'osservanza legalistica attraverso Cristo, sono comunque chiamati a vivere in linea con i principi morali di Dio e prepararsi per il giudizio futuro in cui le loro azioni e atteggiamenti saranno valutati. Questa prospettiva incoraggia i credenti a vivere in modo responsabile, guidati dall'amore, dalla giustizia e da una coscienziosa consapevolezza della loro responsabilità davanti a Dio.

2:13 Poiché il giudizio è senza misericordia verso chi non ha mostrato misericordia. La misericordia trionfa sul giudizio.

Il giudizio di Dio è imparziale e giusto. Non mostra favoritismi ma valuta equamente le azioni di ciascuno. Anche se i credenti sono sicuri nella loro salvezza e protetti dall'ira di Dio attraverso Cristo (Romani 8:1), dovranno comunque affrontare le conseguenze delle loro azioni, soprattutto riguardo al modo in cui trattano gli altri. Ciò include la perdita della ricompensa se si impegnano in favoritismi spietati (2 Corinzi 5:10; Matteo 5:7; 6:15; 7:1; 18:23-25).

Al contrario, mostrare misericordia e imparzialità verso gli altri riflette l'amore di Cristo e si allinea ai Suoi insegnamenti (Matteo 25:34-40). "La misericordia trionfa sul giudizio", come afferma James, sottolineando che l'amore dovrebbe prevalere sulla parzialità nelle nostre interazioni. I cristiani sono chiamati ad accettarsi e trattarsi a vicenda con cortesia, compassione e coerenza, rispecchiando l'amore inclusivo e l'accettazione di Cristo.

Nella società contemporanea, la parzialità può sorgere a causa di vari fattori come disparità economiche, razza, credenze religiose, affiliazioni politiche, background educativo e opinioni personali. Nonostante queste sfide, i cristiani sono esortati a superare i pregiudizi e ad estendere la compassione cristiana a tutti, indipendentemente dalle circostanze o dai peccati. Questo approccio dimostra il potere trasformativo dell'amore di Cristo nelle loro vite. È una testimonianza della Sua grazia e del Suo perdono estesi a tutta l'umanità.

Pertanto, i cristiani sono incoraggiati a emulare l'esempio di Cristo rivolgendosi con amore e compassione agli individui che possono essere considerati emarginati o coloro i cui stili di vita o scelte differiscono. Ciò riflette un impegno genuino nel vivere i principi della fede cristiana e nel permettere all'amore di Cristo di guidare le loro interazioni e relazioni con gli altri.

La prospettiva di Giacomo sulla Legge mosaica, come si vede in questa sezione di versetti, può portare a domande su come vedeva il rapporto tra i cristiani e la Legge. È importante notare che Giacomo non sostenne che i cristiani aderissero all'intero Codice Mosaico, come evidenziato dalle sue parole al Concilio di Gerusalemme (Atti 15:13-21). In quel concilio fu chiarito che ai credenti gentili non era richiesto di osservare la Legge mosaica nella sua interezza per la loro salvezza.

La Legge mosaica aveva un duplice scopo: regolare la vita degli Israeliti e rivelare il carattere e i propositi di Dio a loro e a tutti gli altri popoli. La sua funzione normativa cessò con la morte di Gesù sulla croce (Romani 10:4; Ebrei 7:12), poiché fu adempiuta e sostituita dalla nuova alleanza in Cristo. Tuttavia, il suo valore rivelatore rimane eterno, poiché fa parte di «tutta la Scrittura», che continua a rivelarsi utile per insegnare e orientare (2 Timoteo 3,16).

Giacomo sottolinea che mentre la Legge mosaica come corpo codificato di regolamenti non vincola più i cristiani, i suoi principi morali e i suoi comandi che sono in linea con il carattere eterno di Dio sono ancora applicabili. Queste verità morali durature sono ora racchiuse nella "legge della libertà" o "legge di Cristo", che guida i credenti nel vivere la volontà di Dio nel nuovo patto. Questa nuova legge enfatizza i principi di amore, giustizia, misericordia e fedeltà che trascendono i confini culturali e legalistici, applicandosi universalmente a tutti i credenti.

Pertanto, anche se specifici comandi della Legge mosaica possono continuare a informare la condotta cristiana secondo i principi del nuovo patto, i cristiani non sono soggetti alla Legge mosaica stessa. Sono invece chiamati a vivere secondo i principi liberatori del Vangelo, guidati dagli insegnamenti di Gesù e degli apostoli, che sostengono le verità morali senza tempo rivelate in tutta la Scrittura.

La fede senza le opere è morta

Alcune interpretazioni vedono questa sezione di Giacomo come uno spostamento dell'attenzione dalla questione della parzialità discussa in precedenza (vv. 1-13) a un nuovo argomento: il rapporto tra fede e opere. Tuttavia, altri, me compreso, vedono una connessione più profonda tra queste sezioni, simile alla relazione tra Giacomo 1:19-27 e 1:2-18. Proprio come il passaggio precedente trattava una questione fondamentale alla base di problemi pratici, questa sezione espande le implicazioni della fede genuina in Cristo, che Giacomo introduce nel versetto 1 come incompatibile con la dimostrazione di parzialità (prosopolempsia).

Qui Giacomo approfondisce la natura e il significato della fede in Gesù Cristo, che secondo lui è incompatibile con il mostrare favoritismi (Giacomo 2:1). La sua argomentazione è incentrata sull'autenticità e mette in guardia contro l'autoinganno superficiale. Il tema più ampio riguarda quindi la vitalità e l'autenticità della propria fede in Dio. James usa la questione del favoritismo per provocare l'introspezione tra i suoi lettori: stanno veramente vivendo la loro fede e applicando le loro convinzioni nella loro condotta? Il loro trattamento parziale degli altri serve come cartina di tornasole per la sincerità e la profondità della loro fede.

Giacomo contrappone la mera professione di fede verbale alla dimostrazione attiva di quella fede attraverso le opere. Sottolinea che la vera maturità cristiana implica sopportare pazientemente le prove (come discusso in Giacomo 1) e vivere la verità della Parola di Dio. Pertanto, il tema di questa sezione riguarda la professione di credenze e la pratica attiva e l'incarnazione di tali credenze nella vita quotidiana. Ascoltare e discutere semplicemente la Parola di Dio non è sufficiente; la vera fede richiede un'azione obbediente e un allineamento con la volontà di Dio.

In sintesi, James utilizza la questione del favoritismo per sfidare il suo pubblico a valutare l'autenticità e le implicazioni pratiche della propria fede. Questa sezione evidenzia la connessione inseparabile tra la fede genuina in Cristo e l'espressione esteriore di quella fede attraverso azioni e atteggiamenti retti.

L'interpretazione di Giacomo 2:14-26 ha acceso il dibattito tra i teologi, principalmente riguardo al fatto se Giacomo si rivolga a credenti o non credenti nella sua discussione su fede e opere. Esploriamo ciascuna delle tre interpretazioni principali:

Perdita della salvezza (visione arminiana) : alcuni interpretano questi versetti come se descrivessero un credente che ha perso la salvezza perché non espone più opere che dimostrino una fede genuina. Secondo questo punto di vista, la genuina fede salvifica è evidenziata da una vita di buone opere. Coloro che sostengono questo punto di vista generalmente credono che una persona possa perdere la salvezza se non continua a vivere nella fede e nell'obbedienza.

Consenso intellettuale (non credente che finge di essere credente) : un'altra interpretazione presuppone che Giacomo stia descrivendo qualcuno che professa di essere cristiano ma possiede solo un consenso intellettuale al Vangelo senza una vera fede salvifica. La fede di questa persona è superficiale e priva del potere di trasformazione che si traduce in una vita caratterizzata da buone opere. I sostenitori di questo punto di vista sostengono che Giacomo contrappone la fede vera e salvifica che produce opere con una fede falsa e superficiale che non le produce.

Credente che vive in modo incoerente (credente che non vive per fede) : la terza interpretazione suggerisce che Giacomo si rivolge a credenti genuini che, pur possedendo una vera fede salvifica, potrebbero non vivere costantemente la loro fede nelle loro azioni. Questa visione enfatizza la necessità che i credenti allineino la loro condotta alle loro convinzioni e dimostrino la loro fede attraverso azioni obbedienti e una vita retta.

Esaminare attentamente il passaggio è essenziale per discernere quale interpretazione si allinea più da vicino con l'intento di James. Giacomo sostiene che la fede senza le opere è morta (Giacomo 2:17, 26), sottolineando che la vera fede si traduce naturalmente in azioni che riflettono l'opera di trasformazione di Dio nella vita del credente. Usa esempi come Abramo e Rahab per illustrare come la fede genuina si manifesta nell'obbedienza e nelle azioni giuste (Giacomo 2:21-25).

In definitiva, il contesto e il linguaggio di Giacomo suggeriscono che egli si rivolga a coloro che professano di avere fede ma non la dimostrano attraverso le loro azioni. Sfida i suoi lettori a valutare l'autenticità della loro fede esaminando se produce frutti sotto forma di vita giusta e buone opere.

Mentre il dibattito continua tra studiosi e teologi, comprendere la preoccupazione principale di Giacomo – la fede autentica evidenziata da una vita di obbedienza e opere – aiuta a chiarire l'interpretazione che meglio si adatta al contesto del brano.

2:14 Che giova, fratelli miei, se uno dice di avere fede ma non ha opere? Può quella fede salvarlo?

Giacomo affronta una questione teologica cruciale in Giacomo 2:14-26 riguardo al rapporto tra la fede. Opera e spiega come si manifestano nella vita di un credente. Ci sono tre interpretazioni principali tra i teologi riguardo a chi Giacomo si sta rivolgendo e cosa intende trasmettere:

Interpretazione Arminiana : secondo questo punto di vista, se una persona afferma di essere cristiana ma non mostra prova di fede genuina attraverso il suo stile di vita, in particolare attraverso le buone opere, potrebbe non essere mai stata veramente salvata o aver perso la salvezza. Questa interpretazione riflette la convinzione che la vera fede salvifica è evidenziata da una vita trasformata caratterizzata dall'obbedienza a Dio.

Interpretazione riformata : la prospettiva riformata, come accennato, presuppone che se una persona professa di essere cristiana ma non mostra prove di vera fede nelle sue azioni, non è mai stata veramente salvata fin dall'inizio. Questo punto di vista sottolinea che la vera fede si traduce necessariamente in una vita trasformata dalla grazia di Dio, che si manifesta in azioni giuste e obbedienza.

Credente che vive in modo incoerente : la terza interpretazione riconosce che una persona che afferma di essere cristiana ma non ha prove di vera fede nel proprio stile di vita potrebbe non essere genuinamente salvata o forse essere un credente che non vive secondo la propria fede. Questa visione lascia spazio alla possibilità che i veri credenti possano lottare contro l'incoerenza. Tuttavia, sottolinea l'importanza di allineare la propria condotta alla fede professata.

Nel versetto 14: "Può questo tipo di fede salvarlo?" (WEB), l'interrogatorio di James utilizza una costruzione greca che prevede una risposta negativa. Questa costruzione si trova in Giacomo e 1 Corinzi 13:4, sottolineando che la fede priva di opere concomitanti non è sufficiente per la salvezza. James sostiene che la vera fede, evidenziata da azioni in linea con la volontà di Dio, salva veramente una persona.

L'enfasi di Giacomo sulle opere come frutto di una fede genuina riecheggia gli insegnamenti di Gesù e altri scritti del Nuovo Testamento che sottolineano la necessità che la fede produca risultati visibili e tangibili nella vita di un credente (Matteo 7:16-20; Efesini 2:8-10). Le opere non sono il mezzo per guadagnare la salvezza ma sono il risultato naturale e la prova di un cuore trasformato e di una fede genuina in Cristo.

Sebbene le interpretazioni possano variare, Giacomo sottolinea la connessione inseparabile tra la fede genuina e una vita di obbedienza e di buone opere. Ciò è in linea con gli insegnamenti biblici più ampi sulla salvezza e sul potere trasformativo della fede in Cristo.

L'apparente contraddizione tra l'enfasi di Paolo sulla fede separata dalle opere per la salvezza (Efesini 2:8-9; Romani 11:6) e l'affermazione di Giacomo secondo cui la fede senza le opere è morta (Giacomo 2:17) è stata un punto di discussione teologica per secoli . Tuttavia, la comprensione dei rispettivi contesti e delle loro enfasi chiarisce che Paolo e Giacomo affrontano aspetti complementari della fede cristiana piuttosto che dottrine opposte.

L'enfasi di Paolo : Paolo sottolinea che la salvezza avviene per grazia e mediante la sola fede, indipendentemente dalle opere (Efesini 2:8-9). Sostiene che nessuno può guadagnarsi la salvezza attraverso i propri sforzi; è un dono di Dio ricevuto mediante la fede. Ciò evidenzia la verità fondamentale secondo cui la salvezza è avviata e assicurata dalla grazia di Dio, non dal merito umano (Romani 11:6).

L'enfasi di Giacomo : Giacomo invece sottolinea il nesso inscindibile tra la fede genuina e una vita trasformata caratterizzata da buone opere. Sostiene che la vera fede produce naturalmente frutti attraverso le azioni giuste e l'obbedienza ai comandamenti di Dio (Giacomo 2:18, 26). Per Giacomo, la fede senza le opere è morta, nel senso che manca la prova di una genuina fede salvifica.

L'apparente conflitto nasce da diverse enfasi e contesti teologici:

Il contesto di Paolo : Paolo affronta l'atto iniziale della salvezza: essere giustificati davanti a Dio mediante la sola fede in Cristo, indipendentemente dalle opere della legge (Romani 3:28; Galati 2:16). Sottolinea che la salvezza è un dono gratuito , non qualcosa che si guadagna con le opere.

Contesto di Giacomo : Giacomo affronta la continua dimostrazione e convalida della fede attraverso una vita di obbedienza e buone opere. Sfida i credenti a vivere attivamente la loro fede, dimostrando che è genuina e trasformativa.

La citazione: "Paolo e Giacomo non stanno faccia a faccia, combattendo l'uno contro l'altro, ma stanno fianco a fianco , combattendo nemici opposti", illustra che Paolo e Giacomo stanno affrontando diversi aspetti della vita cristiana: la salvezza iniziale per grazia attraverso fede (Paolo) e la continua dimostrazione di fede attraverso le opere (Giacomo).

Gesù stesso sottolineò la necessità del discepolato e dell'obbedienza come prova della vera fede (Matteo 7:21; Giovanni 14:15). Usò un linguaggio forte per evidenziare che la fede genuina produce una vita impegnata a seguirlo e a vivere secondo i suoi insegnamenti (Matteo 16:24-26; Luca 9:23-25).

Sebbene Paolo e Giacomo affrontino il tema della fede e delle opere da angolazioni diverse, i loro insegnamenti sono complementari piuttosto che contraddittori. Paolo sottolinea che la salvezza avviene per grazia mediante la sola fede. Al contrario, Giacomo sottolinea che la vera fede si traduce in una vita di obbedienza e di buone opere. Insieme, i loro insegnamenti forniscono una visione olistica della vita cristiana: salvati per grazia attraverso la fede e trasformati per vivere in obbedienza alla volontà di Dio.

La discussione di Giacomo nel versetto 14 e seguenti sulla fede e le opere tocca aspetti cruciali della vita cristiana e della comprensione della salvezza. Ecco una ripartizione dei punti chiave e delle interpretazioni:

Fede e obbedienza : Giacomo sottolinea che la vera fede in Cristo deve essere accompagnata dall'obbedienza e dalle buone opere. Usa l'analogia secondo cui la fede senza opere è come un corpo senza spirito: è morto e incapace di soddisfare lo scopo previsto (Giacomo 2:26).

Conseguenze della fede senza opere : Giacomo avverte che la fede ortodossa, senza la corrispondente obbedienza espressa in buone opere, non può proteggere un cristiano dalle conseguenze del peccato in questa vita. Queste conseguenze possono includere la perdita della comunione con Dio e, in casi estremi, la morte fisica (Giacomo 5:20; 1 Giovanni 5:16). Sottolinea che la sola fede non esonera i credenti dalla disciplina o dalla correzione di Dio (Ebrei 12:6).

Interpretazione della "salvezza" : molti commentatori interpretano i riferimenti di Giacomo alla salvezza come riferiti principalmente alla liberazione o al salvataggio dalle conseguenze temporali piuttosto che alla dannazione eterna. La parola greca per salvezza, " soteria ", nel suo uso biblico, si riferisce spesso a un concetto più ampio di salvataggio, preservazione o integrità in vari contesti. Solo una piccola percentuale degli usi dell'Antico Testamento di "salvare" o "salvezza" si riferiscono direttamente alla salvezza eterna (circa il 7,1%).

Comprensione contestuale : comprendere l'uso del termine "salvezza" da parte di James richiede sensibilità contestuale. Si rivolge all'attuazione pratica della fede nella vita di tutti i giorni piuttosto che al concetto teologico di giustificazione davanti a Dio. Giacomo si preoccupa di come la fede trasforma il comportamento e incide sulla comunità cristiana, sottolineando la necessità delle opere come prova di fede genuina (Giacomo 2:18).

Grazia e opere : è fondamentale conciliare l'enfasi di Giacomo sulle opere con l'insegnamento di Paolo sulla giustificazione per fede indipendentemente dalle opere della legge (Efesini 2:8-9). Paolo sottolinea che la salvezza dalla dannazione eterna è un dono della grazia di Dio ricevuta mediante la sola fede. Giacomo completa ciò evidenziando che la vera fede, pur non dipendendo dalle opere per la giustificazione iniziale, produce inevitabilmente le opere come suo frutto naturale (Giacomo 2:22).

In sintesi, la discussione di Giacomo su fede e opere evidenzia la natura olistica della vita cristiana, dove la fede genuina è evidenziata da azioni obbedienti e buone opere. Mentre la salvezza dalla condanna eterna avviene esclusivamente per grazia di Dio attraverso la fede, Giacomo sottolinea che una fede priva di espressione pratica attraverso le opere è incompleta e inefficace nel realizzare gli scopi di Dio per i credenti. Pertanto, la fede e le opere svolgono un ruolo fondamentale nel cammino di discepolato e obbedienza del cristiano.

2:15 Se un fratello o una sorella sono poveri di vestiti e sprovvisti del cibo quotidiano, 2:16 e uno di voi dice loro: «Andate in pace, scaldatevi e saziatevi», senza dargli il necessario per il corpo, a che serve?

Nei versetti 15-17 Giacomo continua ad illustrare il suo punto sulla fede e opera con un esempio concreto. Dipinge uno scenario che probabilmente ha avuto risonanza con il suo pubblico a Gerusalemme, dove molti credenti affrontavano la povertà (Romani 15:25-31; 1 Corinzi 16:3). Tutti gli individui in questa illustrazione sono identificati come veri cristiani, sottolineando la loro fede condivisa.

La situazione descritta da Giacomo mette in luce l'incoerenza di affermare una fede vitale – cioè mettere attivamente in pratica la propria fede – e non riuscire a dimostrarla attraverso azioni (opere) corrispondenti. Ciò è in linea con l'insegnamento dell'apostolo Giovanni secondo cui l'amore genuino implica azioni tangibili, non solo parole (1 Giovanni 3:17-18).

James utilizza immagini vivide per far capire il suo punto: immagina qualcuno che afferma di avere fede e benedice verbalmente un compagno di fede che ha un disperato bisogno, dicendo: "Vai in pace, riscaldati e saziati", ma poi non offre alcun aiuto pratico come fornire vestiti o cibo. James mette retoricamente in dubbio l'efficacia di semplici parole senza azioni corrispondenti. Egli illustra che tale fede senza le opere è inefficace quanto una benedizione verbale nel salvare la vita di una persona che muore di fame: solo la fornitura effettiva di cibo può soddisfare il bisogno immediato.

Una parafrasi di uno studioso greco coglie l'intento di Giacomo in questi versetti: Se qualcuno afferma di avere fede ma non agisce di conseguenza, può quella fede preservargli la vita? Giacomo sottolinea che la fede, quando non è accompagnata dalle opere, è essenzialmente morta, priva della forza vivificante che dovrebbe manifestarsi nelle azioni del credente verso gli altri bisognosi.

Giacomo usa questo esempio per evidenziare che la vera fede produce naturalmente opere di compassione e obbedienza alla Parola di Dio. Nel suo insegnamento, la fede e le opere sono aspetti inseparabili dell'autentica vita cristiana, che riflettono l'amore di Dio e la cura per gli altri in modi pratici e tangibili.

2:17 Quindi la fede da sola, se non ha opere, è morta.

L'insegnamento di Giacomo su fede e opere, in particolare nei versetti 15-17, chiarisce che egli non sta suggerendo che la mancanza di opere implichi una totale assenza di fede o una perdita della vita eterna. Invece, sottolinea che la fede senza azioni corrispondenti – ciò che definisce "opere" – è essenzialmente inattiva e inefficace.

Giacomo lo illustra con esempi pratici: se qualcuno afferma di avere fede ma non agisce per soddisfare i bisogni fisici immediati di un compagno di fede indigente, la sua fede, sebbene professata, rimane dormiente e improduttiva. Usa il termine "morto" per descrivere vividamente tale fede, non nel senso di non esistenza, ma in termini di inattività, priva di vitalità e quindi incapace di soddisfare lo scopo previsto.

L'analogia della fede senza le opere "morte" è significativa. Evidenzia la preoccupazione centrale di Giacomo: la fede genuina produce naturalmente azioni che si allineano con la volontà di Dio e dimostrano il Suo amore agli altri. Esprimere semplicemente simpatia o accordo senza azioni tangibili a sostegno di tali convinzioni non è all'altezza dell'obbedienza attiva sostenuta da James.

La scelta di "morto" da parte di James risuona con il tema biblico più ampio della vita e della morte. Attinge alla saggezza dei Proverbi, dove la giustizia conduce alla vita, ma perseguire il male conduce alla morte (Proverbi 11:19). Per James, la questione non riguarda la salvezza dalla dannazione eterna, ma la vitalità della fede nella vita cristiana pratica. Può la fede che non produce opere salvare qualcuno dalle conseguenze della negligenza nell'obbedire ai comandamenti di Dio e nel soddisfare i bisogni degli altri? La sua domanda retorica indica la risposta evidente: la fede inattiva non può.

L'uso del termine "morto" da parte di Giacomo per descrivere la fede senza opere evidenzia l'urgenza e la praticità della fede cristiana. Sfida i credenti ad andare oltre la semplice professione e a vivere attivamente la propria fede attraverso azioni compassionevoli e obbedienza alla Parola di Dio. Questa prospettiva evidenzia il rapporto dinamico tra fede e opere nell'autentico discepolato cristiano.

2:18 Qualcuno dirà: "Tu hai fede e io ho opere". Mostrami la tua fede indipendentemente dalle tue opere, e io ti mostrerò la mia fede con le mie opere.

In Giacomo 2:18 è evidente l'uso di una diatriba, uno strumento retorico in cui viene sollevata un'obiezione e viene data risposta. L'obiettore presenta un punto di vista che sfida l'affermazione di Giacomo sul rapporto tra fede e opere. L'interpretazione di chi dice cosa in questo versetto può variare a seconda della traduzione e delle scelte di punteggiatura.

Usando le virgolette, la NIV attribuisce all'obiettore solo la prima parte del versetto ("Tu hai fede; io ho le opere"), lasciando intendere che Giacomo risponde a questa affermazione nell'ultima parte. D'altra parte, la NASB include l'intero versetto come dichiarazione dell'obiettore, suggerendo un'obiezione continua prima che James offra la sua confutazione.

Dato che il testo greco originale non includeva segni di punteggiatura, determinare l'esatta divisione tra la dichiarazione dell'obiettore e la risposta di Giacomo si basa su indizi contestuali e sul flusso logico. L'intento dell'obiettore sembra argomentativo piuttosto che limitarsi a fare una dichiarazione, influenzando il modo in cui comprendiamo dove finisce la sua obiezione e inizia la risposta di James.

In questo contesto, molti studiosi e commentatori trovano sensato allinearsi alla punteggiatura della NASB, dove l'intero versetto è attribuito all'obiettore. Questa interpretazione mantiene un flusso argomentativo coerente, in cui l'obiettore contesta la tesi di James. Giacomo fornisce poi una risposta dettagliata nei versetti 19-23, affrontando il rapporto tra fede, opere e la loro inseparabilità nell'autentica vita cristiana.

Pertanto, sebbene possano esserci approcci diversi alla punteggiatura e all'interpretazione di questo versetto, la preferenza per comprendere l'obiezione dell'obiettore nella sua interezza, come nella NASB, aiuta a mantenere chiarezza e coerenza nell'argomentazione di James sulla necessaria connessione tra fede e opere nella Chiesa cristiana. vita.

L'obiezione sollevata dall'ipotetico obiettore in Giacomo 2:18 sfida l'idea che le buone opere siano la prova necessaria della fede salvifica. Questo punto di vista suggerisce che, sebbene le buone opere siano effettivamente una manifestazione di fede genuina, non sono il modo in cui qualcuno dimostra la propria salvezza. L'argomentazione dell'obiettore implica che non si può dimostrare fede senza le opere. Le opere, invece, sono la prova visibile della propria fede.

Questa prospettiva è in linea con gli insegnamenti di alcuni circoli evangelici, dove le buone opere sono viste come indicatori essenziali della salvezza di una persona e della santificazione continua. Secondo questa visione, se una persona non compie opere buone, ciò mette in dubbio l'autenticità della sua fede e, quindi, la sua salvezza. Questa posizione cerca di enfatizzare il potere trasformativo della fede nel produrre una vita segnata dalla rettitudine e dall'obbedienza ai comandamenti di Dio.

Tuttavia, l'obiezione sollevata in Giacomo 2:18 solleva anche una domanda critica: se le buone opere sono davvero la prova necessaria della fede salvifica, allora perché Gesù insegnò che alcuni che sono in Lui potrebbero non portare frutto (Giovanni 15:2, 6))? Questo riferimento all'insegnamento di Gesù nel vangelo di Giovanni evidenzia una tensione nell'interpretazione del rapporto tra fede, opere e certezza della salvezza.

Storicamente, alcuni all'interno della tradizione riformata, in particolare dopo il tempo di Giovanni Calvino, hanno reso popolare l'idea che la prova della santificazione deve essere presente prima che un credente possa avere piena certezza della propria giustificazione. Questa prospettiva, tuttavia, diverge dagli insegnamenti originali di Giovanni Calvino sulla fede e sulla certezza. Figure come Theodore Beza a Ginevra e William Perkins in Inghilterra segnarono in modo significativo questo allontanamento dalla dottrina di Calvino.

In sintesi, mentre le buone opere sono riconosciute come manifestazioni cruciali di fede genuina, le implicazioni teologiche del loro ruolo nel dimostrare la salvezza continuano ad essere dibattute all'interno delle diverse tradizioni cristiane. L'obiezione sollevata in Giacomo 2:18 sfida visioni eccessivamente semplificate sulla fede e sulle opere, sollecitando una riflessione più profonda su come questi concetti interagiscono all'interno del quadro della fede e della pratica cristiana.

La certezza della salvezza per i cristiani è fondamentalmente radicata nelle promesse di Dio che si trovano nella Scrittura (Giovanni 1:12; 3:16, 36; 5:24; 6:47; 10:27-29; 20:31, ecc.). Non si basa principalmente sulla presenza o assenza di buone opere (frutti) nella loro vita. Gesù insegnò che alcuni rami collegati a Lui, che rappresentano i credenti, potrebbero non portare frutto (Matteo 13:22; Marco 4:7; Luca 8:14; Giovanni 15:2, 6), tuttavia rimangono collegati a Lui e condividono la sua la vita che offre.

Ogni vero credente sperimenta una significativa trasformazione interiore nel confidare in Gesù Cristo come Salvatore (Gal. 2:20; Rom. 6:13; Ef. 5:8; Col. 1:13, ecc.). Questa trasformazione, tuttavia, non garantisce necessariamente cambiamenti immediati o coerenti nel comportamento esteriore. Le Scritture non affermano che ogni credente mostrerà inevitabilmente segni esteriori di trasformazione; piuttosto, tali cambiamenti dipendono dalla loro rispondenza alla volontà di Dio e all'opera dello Spirito Santo.

Come dice un'illustrazione, un albero dimostra la sua vita portando frutti, ma era vivo prima di produrre frutti o foglie. Allo stesso modo, mentre le opere sono necessarie per dimostrare la fede agli altri (Giacomo 2:18), non servono come base per la nostra giustificazione giudiziaria davanti a Dio (Romani 8:33), che è meritata esclusivamente attraverso Cristo (Isaia 53: 11) e ricevuto mediante la fede (Romani 5:1).

Il concetto di "cristiani carnali" (1 Cor. 3:1-4) si riferisce a credenti che assecondano i loro desideri carnali invece di cedere al controllo dello Spirito Santo. Sebbene il frutto sia un indicatore esterno della vita interiore, i veri cristiani possono portare poche o nessuna prova esterna della loro trasformazione spirituale, proprio come alcuni alberi da frutto portano frutti minimi o nulli. Lo Spirito Santo tipicamente produce una trasformazione interiore ed esteriore nei credenti a meno che non sia ostacolato dalla resistenza del credente (1 Tessalonicesi 5:19; Efesini 4:30).

Anche se ci si aspetta che le buone opere accompagnino la fede genuina e siano la prova di una vita trasformata, esse non sono la base per la salvezza , ma piuttosto la conseguenza naturale di una vita arresa a Cristo e potenziata dallo Spirito Santo. Pertanto, la certezza della salvezza poggia saldamente sulle promesse di Dio e sull'opera trasformatrice di Cristo, non sull'evidenza fluttuante delle opere nella vita di un credente.

2:19 Credi che Dio è uno; fai bene. Anche i demoni credono e tremano!

Giacomo contrasta l'argomentazione presentata dall'obiettore nel versetto 18 usando l'esempio dei demoni per illustrare il suo punto. Sottolinea che la fede autentica non si traduce automaticamente in buone opere. A differenza degli esseri umani, i demoni possiedono conoscenza e fede nelle verità su Dio: riconoscono che Egli è sovrano e che le Sue rivelazioni sono vere, come la dichiarazione nello Shema, "Dio è uno" (Deut. 6:4). Nonostante questa corretta comprensione, i demoni persistono nelle loro azioni e comportamenti malvagi, ben conoscendo le conseguenze che li attendono. La loro risposta a questa conoscenza è paura e tremore, anticipando il giudizio che li attende.

James sceglie deliberatamente i demoni come esempio non perché siano capaci di salvezza – sono irrimediabilmente perduti – ma perché illustrano vividamente la disconnessione tra la credenza corretta e il comportamento disobbediente. Giacomo si rivolge ai veri cristiani (come indicato da termini come "fratelli e sorelle" in vari versetti) in tutta la sua epistola, compresi coloro che, come i demoni, possono conoscere la verità intellettualmente ma non riescono ad allineare le loro azioni con le loro convinzioni.

Questa analogia serve a evidenziare l'argomentazione di Giacomo secondo cui la fede, se genuina, dovrebbe naturalmente produrre opere corrispondenti (Giacomo 2:18). Egli avverte che i cristiani, come i demoni, possono persistere nella disobbedienza nonostante la loro conoscenza della volontà di Dio e la certezza del giudizio futuro (2 Corinzi 5:10). Pertanto, Giacomo incoraggia i credenti a esaminare la loro fede non solo in termini di credenza intellettuale ma anche in termini di come essa modella le loro azioni e l'obbedienza alla Parola di Dio.

James usa l'illustrazione dei demoni non per affrontare la questione di come si viene rigenerati o salvati, ma per enfatizzare un punto diverso sulla relazione tra credenza e comportamento. A differenza degli esseri umani, che possono essere rigenerati dalla fede in Cristo, i demoni servono come un chiaro esempio di esseri che possiedono la corretta conoscenza e fede riguardo alle verità di Dio, come la Sua sovranità e unicità (riflessi nello Shema). Tuttavia, il loro comportamento rimane in diretta opposizione alla Sua volontà. Questa disconnessione tra credenza e comportamento è il punto cruciale dell'argomentazione di James in tutta la sua epistola.

Il punto di Giacomo nell'usare i demoni come illustrazione non è quello di discutere contro la sufficienza dell'assenso intellettuale al vangelo per la salvezza. Invece, illustra che anche una credenza corretta non si traduce necessariamente in azioni obbedienti. Questo tema è in linea con altri passaggi di Giacomo in cui critica le pratiche religiose vuote che mancano di una condotta retta corrispondente (Giacomo 1:26-27; 4:17).

Il riferimento di Giacomo a ciò in cui credono i demoni non è equiparato al messaggio del pieno vangelo richiesto per la salvezza. Si concentra invece sulle implicazioni morali ed etiche della fede, in particolare sul fatto che la fede genuina dovrebbe portare a una vita trasformata che obbedisce alla volontà di Dio. Ciò è in linea con la sua più ampia preoccupazione per la realizzazione pratica della fede nella vita dei credenti.

Per quanto riguarda il punto testuale del versetto 19, alcuni studiosi suggeriscono che anche l'obiettore continui a parlare in questo versetto. Ciò è supportato dalle variazioni negli antichi manoscritti greci in cui appare la parola "con" (ek) invece di "senza" (choris). Tuttavia, la maggior parte degli studiosi sostiene che "senza" (choris) sia la lettura corretta e che lo stesso Giacomo riprenda a parlare nel versetto 19 per rispondere all'argomentazione dell'obiettore.

In sintesi, Giacomo usa l'esempio dei demoni non per discutere la natura della salvezza ma per sottolineare il legame cruciale tra la fede genuina e il corrispondente comportamento retto. Egli sfida i credenti a garantire che la loro fede non sia un semplice assenso intellettuale ma sia dimostrata attraverso l'obbedienza e una vita retta.

2:20 **Vuoi che ti si mostri, stolto, che la fede senza le opere è inutile?**

Giacomo rimprovera fermamente l'argomentazione dell'obiettore definendola "folle", sottolineando che la fede senza accompagnamento di buone opere non è semplicemente inattiva o oziosa ma effettivamente inutile. Il termine greco che usa, " argos ", trasmette l'idea di essere inattivo, inefficiente o disoccupato, simile a descrivere un organo non funzionante nel corpo (Matteo 20:3, 6).

Per illustrare ulteriormente il suo punto, James paragona un cristiano a cui manca il lavoro a qualcuno con un organo non funzionante. Come un tale organo nel corpo è morto e non serve a nulla, così anche la fede senza le opere è morta e inutile nella vita del credente. James sottolinea che questo tipo di fede inattiva non solo non riesce a raggiungere lo scopo previsto, ma contribuisce anche alla stagnazione spirituale e può portare a conseguenze dannose, simili a come un organo morto può avere un impatto sulla salute fisica.

Nei versetti da 21 a 23, Giacomo spiega chiaramente cosa intende per "inutilità" della fede senza le opere. In tutta la sua epistola, sottolinea costantemente che sta affrontando l'inefficacia della fede quando non è accompagnata da azioni corrispondenti, piuttosto che mettere in discussione l'esistenza della fede stessa in assenza di opere (Giacomo 1:26; 2:14, 16, 20). .

Giacomo si concentra sullo sfidare i credenti a vivere la loro fede in modo attivo e pratico, dimostrando il potere di trasformazione della vera fede attraverso azioni giuste e l'obbedienza alla Parola di Dio. I suoi insegnamenti sottolineano che la fede genuina produce naturalmente buone opere, riflettendo una vita cambiata dalla grazia di Dio e attivamente impegnata nei Suoi propositi.

2:21 **Abraamo, nostro padre, non fu forse giustificato per le opere quando offrì suo figlio Isacco sull'altare?**

L'apparente contraddizione tra l'affermazione di Giacomo secondo cui Abraamo fu giustificato per le opere (Giacomo 2:21) e l'insegnamento di Paolo secondo cui Abraamo fu giustificato per fede (Genesi 15:6; Romani 4:1-5) ruota attorno alla comprensione del termine "giustificato". Biblicamente, essere giustificato significa essere dichiarato giusto agli occhi della legge, non essere reso giusto nella propria condotta (Esodo 23:7; Deuteronomio 25:1; 1 Re 8:32).

La giustificazione di Abraamo in Genesi 15:6, quando Dio lo dichiarò giusto a causa della sua fede nella promessa di Dio, segna la sua iniziale dichiarazione di giustizia davanti a Dio. Questo evento è spesso inteso come la "nuova nascita" o rigenerazione spirituale di Abramo, un concetto parallelo nel Nuovo Testamento (Genesi 15:6).

Giacomo, scrivendo in Giacomo 2:21, discute un aspetto diverso della vita di Abramo, facendo specifico riferimento a Genesi 22, dove la fede di Abramo fu dimostrata attraverso la sua disponibilità a offrire Isacco, suo figlio, in sacrificio. Giacomo sostiene che la fede di Abramo fu convalidata e completata attraverso la sua obbedienza e le sue opere, dimostrando che la fede genuina produce naturalmente azioni che si allineano con la volontà di Dio.

È fondamentale notare che Giacomo e Paolo non si contraddicono a vicenda ma piuttosto affrontano diverse dimensioni della giustificazione. Giacomo sottolinea che la vera fede è dimostrata dalle azioni. Allo stesso tempo, Paolo si concentra sulla verità fondamentale secondo cui inizialmente siamo giustificati (dichiarati giusti) solo per fede, indipendentemente dalle opere (Romani 3:28; Efesini 2:8-9).

Una volta giustificati dalla fede, i credenti mantengono la loro giusta posizione davanti a Dio eternamente (Romani 5:1; 8:1). Non perdono il loro status giustificato né hanno bisogno di essere nuovamente "salvati". La tensione non nasce dalla contraddizione teologica ma dalla diversa enfasi sulla natura multiforme della giustificazione e sulla sua attuazione nella vita del credente.

Giacomo si riferisce a un secondo caso in cui la giustizia di Abramo fu dichiarata attraverso le sue opere, citando specificamente Genesi 22 quando Abramo offrì Isacco sull'altare. Questa obbedienza dimostrò la genuinità e la maturità della fede di Abraamo, rafforzando la sua giusta posizione davanti a Dio.

Il concetto di "giustificazione" nel contesto di Giacomo implica la dimostrazione pubblica o la convalida della propria fede attraverso le azioni. Mentre Paolo enfatizza la giustificazione nel momento in cui Dio dichiara una persona giusta sulla base della sola fede (Romani 3:28; 4:3), Giacomo si concentra sull'evidenza esteriore di quella giustizia interiore. Per Giacomo, la fede genuina produce naturalmente opere che testimoniano la sua autenticità (Giacomo 2:18).

Abramo costituisce un ottimo esempio di questo principio. La sua giustificazione iniziale in Genesi 15:6 avvenne quando credette alla promessa di Dio di discendere nonostante la sua vecchiaia e la sterilità di Sara. Questa fede gli fu attribuita come giustizia (Genesi 15:6; Romani 4:3). Più tardi, in Genesi 22, la fede di Abramo fu messa alla prova quando si preparò obbedientemente a sacrificare Isacco come Dio aveva comandato. Questa obbedienza ha dimostrato la maturità e la continuità della fede di Abramo, mostrando che la sua fede non era inattiva ma attiva e viva.

L'enfasi di Giacomo sulle opere come prova della fede completa l'insegnamento di Paolo sulla giustificazione mediante la sola fede. Sia Giacomo che Paolo affermano che la fede genuina produce una vita trasformata caratterizzata dall'obbedienza e dalle buone opere (Efesini 2:10). Tuttavia, affrontano l'argomento da diverse angolazioni: Paolo affronta la natura fondamentale della fede nella giustificazione, e Giacomo evidenzia l'attuazione pratica della fede nella vita quotidiana.

Giacomo menziona la seconda giustificazione di Abramo, sottolineando la natura continua e attiva della vera fede. Si manifesta nell'obbedienza e nelle opere che testimoniano la propria giusta posizione davanti a Dio. Questa comprensione aiuta a conciliare l'insegnamento di Giacomo con l'enfasi teologica di Paolo sulla giustificazione per fede indipendentemente dalle opere della legge.

2:22 **Vedi che la fede era attiva insieme alle sue opere, e la fede era completata mediante le sue opere;**

Giacomo sottolinea che la fede di Abramo fu "perfezionata" o resa completa dalle sue opere, il che significa che le sue azioni rafforzarono e dimostrarono la genuinità della sua fede. Ciò è in linea con l'insegnamento precedente di Giacomo in 1:2-4, dove sottolinea che le prove e le sfide nella vita possono portare alla maturazione e al perfezionamento della fede.

La fede di Abramo fu messa alla prova profondamente quando Dio gli comandò di offrire Isacco in sacrificio (Genesi 22). Nonostante l'apparente contraddizione – Dio prometteva discendenti attraverso Isacco – Abramo obbedì con fede, credendo che Dio avrebbe potuto perfino resuscitare Isacco dai morti (Ebrei 11:19). Quando Dio fornì un ariete come sacrificio sostitutivo, ciò affermò la fiducia e l'obbedienza di Abraamo, consolidando e rafforzando la sua fede.

Giacomo usa Abramo come esempio per illustrare come la fede non sia semplicemente un consenso o una credenza intellettuale, ma una fiducia attiva in Dio che si traduce in azioni obbedienti. La parola greca tradotta come "perfezionato" (teleioō) suggerisce crescita, maturità e completamento. Attraverso l'obbedienza, la fede di Abramo si rafforzò, dimostrando che la fede genuina è dinamica e trasformativa e influenza la vita di ognuno.

Questo concetto è in sintonia con l'insegnamento biblico più ampio secondo cui la fede e le opere sono inseparabili nella vita di un credente. La fede dà inizio alla salvezza e alla santificazione continua, mentre le opere, nate dalla fede genuina, testimoniano la realtà di quella fede (Efesini 2:8-10).

Pertanto, l'utilizzo da parte di Giacomo dell'esempio di Abramo evidenzia la sinergia tra fede e opere: la fede autentica produce opere, e queste opere rafforzano e perfezionano la fede, rendendola completa e matura. Questa comprensione arricchisce la nostra prospettiva su come la fede opera nella vita di un credente, rafforzando l'importanza sia della fede che dell'obbedienza nel cammino cristiano.

2:23 **, e si adempì la Scrittura che dice: "Abraamo credette a Dio, e questo gli fu imputato come giustizia" - e fu chiamato amico di Dio.**

Giacomo sottolinea il significato di Genesi 15:6 nella vita di Abraamo, sottolineando che esso si adempì o divenne evidente quando Abraamo offrì obbedientemente Isacco. Genesi 15:6 riporta la dichiarazione di Dio secondo cui la fede di Abraamo gli fu attribuita come giustizia, segnando un momento cruciale nella relazione di Abramo con Dio. Questa dichiarazione anticipò e prefigurò la volontà di Abramo di offrire Isacco in sacrificio in Genesi 22, un evento che dimostrò vividamente l'incrollabile fiducia e obbedienza di Abraamo a Dio.

Il sacrificio di Isacco mise chiaramente a fuoco ciò che Dio aveva detto anni prima riguardo alla fede di Abramo. Le azioni di Abramo durante questa prova hanno rivelato la profondità e l'autenticità della sua fede. Credeva nella promessa di Dio di una discendenza attraverso Isacco. Tuttavia fu disposto a obbedire anche quando gli venne chiesto di sacrificare il suo amato figlio. Questo atto di obbedienza convalidò e adempì la precedente dichiarazione della sua giustizia mediante la fede (Genesi 15:6).

Giacomo sottolinea il significato del fatto che Dio chiami Abraamo suo "amico" (2 Cronache 20:7; Isaia 41:8), un titolo che denota una relazione stretta e intima segnata da fiducia e lealtà. Questa amicizia con Dio, secondo Giacomo, non è basata semplicemente sulla fede salvifica iniziale, ma sulla continua fede obbediente. La continua fiducia e obbedienza di Abramo per tutta la sua vita esemplificarono cosa significa essere amico di Dio: qualcuno che crede e dimostra quella fede attraverso le azioni (Giacomo 2:21-23).

Giacomo contrappone la transazione invisibile della giustificazione per sola fede, che avviene tra un individuo e Dio, con la manifestazione esteriore della giustificazione per opere, che è visibile agli altri e solidifica la propria relazione con Dio come Suo amico intimo. Questa distinzione è in linea con l'insegnamento di Gesù secondo cui l'obbedienza ai comandi di Dio è il segno distintivo dell'amicizia con Lui (Giovanni 15:14). Pertanto, Giacomo usa l'esempio di Abramo per illustrare come la fede genuina si dimostra attraverso l'obbedienza fedele, che alla fine porta a una relazione più profonda e intima con Dio.

Giacomo introduce Abramo nella sua argomentazione per illustrare una distinzione cruciale tra la giustificazione mediante la sola fede e la continua convalida di quella fede attraverso le opere. La vita di Abraamo costituisce un esempio significativo di qualcuno che fu dichiarato giusto da Dio in base alla sua fede (Genesi 15:6). Tuttavia, fu attraverso le azioni successive – in particolare la sua obbedienza al sacrificio di Isacco (Genesi 22) – che la realtà della sua fede fu dimostrata esteriormente.

Giacomo usa Abramo per mostrare che la giustificazione per fede è una dichiarazione iniziale di giustizia davanti a Dio. Questa dichiarazione si basa sulla fiducia nelle promesse e nella grazia di Dio, a prescindere da ogni proprio merito (Romani 4:1-5). Tuttavia, James sottolinea che la fede autentica non è statica ma dinamica e trasformativa. Come quella di Abramo, la vera fede continua a confidare e obbedire a Dio, dando vita a una vita caratterizzata da buone opere (Giacomo 2:22-23).

Per i lettori cristiani di Giacomo, l'esempio di Abramo incoraggia e sfida. Li incoraggia a credere che la loro giustificazione iniziale mediante la fede in Dio sia sicura e completa attraverso la grazia di Dio. Tuttavia, li sfida a vivere quotidianamente la loro fede attraverso azioni obbedienti che riflettono la loro fiducia nella parola di Dio e nella Sua volontà. Così facendo, come Abraamo, possono dimostrare la realtà della loro fede attraverso le loro opere, convalidando così la loro giustificazione davanti agli altri e approfondendo la loro relazione con Dio come Suoi amici (Giacomo 2:24-26).

In sintesi, Giacomo usa Abramo per insegnare che mentre la giustificazione mediante la sola fede è essenziale per la salvezza, la continua dimostrazione di quella fede attraverso le opere è cruciale per la maturità spirituale e una vibrante relazione con Dio. Questa comprensione è in linea con l'insegnamento biblico più ampio secondo cui la fede genuina produce naturalmente buone opere come prova della sua autenticità (Efesini 2:8-10; Tito 3:8).

2:24 Voi vedete che l'uomo è giustificato per le opere e non solo per la fede.

Usando il plurale "tu" in questo versetto, Giacomo passa dal rivolgersi all'ipotetico obiettore al rivolgersi direttamente ai suoi lettori. Questa transizione significa che James ha completato la sua confutazione all'argomentazione dell'obiettore e ora sta rafforzando il suo insegnamento con il suo pubblico.

Il termine "opere" nel contesto di Giacomo serve a dichiarare o dimostrare la rettitudine. Il verbo greco "è giustificato" (dikaioo) nella forma presente dell'indicativo passivo sottolinea un processo o uno stato in corso in cui le opere servono come prova della realtà interna della fede. In altre parole, le opere sono la manifestazione esteriore che testimonia agli altri che una persona ha esercitato sinceramente una fede salvifica. Ciò è in linea con la precedente affermazione di Giacomo secondo cui la fede senza le opere è morta e non può dimostrare efficacemente la presenza di una fede genuina (Giacomo 2:17).

Giacomo riconosce, tuttavia, che non tutti i credenti porteranno costantemente frutti visibili nella propria vita (Giacomo 2:17). Alcuni che sembrano mostrare il frutto della fede salvifica potrebbero, col tempo, rivelarsi privi di vera fede. Questo riecheggia la parabola di Gesù del grano e della zizzania (Matteo 13:24-30), dove alcuni che appaiono come grano (credenti) sono in realtà zizzania (non credenti).

Nell'interpretare l'insegnamento di Giacomo sulla giustificazione, è importante distinguere il suo contesto da quello di Paolo. Paolo affronta il pericolo di fare affidamento sulle opere per la giustificazione iniziale davanti a Dio, sottolineando che la salvezza avviene per grazia mediante la sola fede (Efesini 2:8-9). Al contrario, Giacomo si preoccupa dei credenti che si scusano dal dimostrare la loro fede attraverso le buone opere, mostrando così una fede inattiva e inefficace nella sua testimonianza (Giacomo 2:14).

Per quanto riguarda la natura della giustificazione in Giacomo, alcuni sostengono che si tratti di una rivendicazione davanti ad altri piuttosto che di un contesto salvifico. Questa interpretazione suggerisce che Giacomo si preoccupa principalmente del modo in cui i credenti dimostrano la loro fede attraverso le opere in senso visibile e pratico piuttosto che del concetto teologico di giustificazione in termini di salvezza iniziale.

Giacomo usa il plurale "tu" per enfatizzare che le opere sono prova esterna di fede interiore, dimostrando rettitudine davanti agli altri. Questa prospettiva aiuta a chiarire l'insegnamento di Giacomo sul rapporto tra fede e opere, evidenziando l'importanza di una fede attiva e feconda nella sua testimonianza agli altri.

2:25 E allo stesso modo, non fu forse giustificata per le opere anche Rahab, la prostituta, quando accolse i messaggeri e li mandò per un'altra strada?

L'inclusione di Raab accanto ad Abramo da parte di Giacomo nella sua argomentazione illustra e rafforza il suo tema riguardante il rapporto tra fede e opere. Raab, una donna di Gerico ed ex prostituta, è un esempio lampante di persona la cui vita e le cui azioni dimostravano genuina fede in Dio.

La fede di Raab è messa in risalto nel racconto biblico ancor prima che le spie israelite arrivassero a casa sua (Giosuè 2:9-13). Riconobbe il Dio d'Israele come il vero Dio. Ella confidava nella Sua promessa di liberazione, cosa che la portò a nascondere le spie e a proteggerle dalla cattura. Attraverso le sue azioni, Rahab dimostrò la sua fede nel piano di Dio per gli Israeliti e la sua volontà di allinearsi con il Suo popolo, rischiando la vita.

Giacomo contrappone Rahab ad Abramo, sottolineando la loro diversa estrazione e circostanza. Abramo, patriarca e padre dei fedeli, dimostrò la sua fede attraverso l'obbedienza, in particolare nella sua disponibilità a offrire Isacco in sacrificio in risposta al comando di Dio (Genesi 22:1-19). D'altra parte, Raab dimostrò la sua fede attraverso l'ospitalità e la protezione verso le spie, che alla fine le assicurarono la salvezza quando Gerico fu conquistata.

L'inclusione di Rahab accanto ad Abramo evidenzia il punto più ampio di Giacomo secondo cui la fede genuina è dimostrata dalle opere. Sia Abramo che Rahab, nonostante i loro background e ruoli molto diversi nella storia biblica, esemplificano il principio secondo cui la fede senza le opere è morta (Giacomo 2:26). Le loro storie sottolineano che la vera fede è attiva e trasformatrice, spingendo i credenti all'obbedienza e ad azioni che riflettono la loro fiducia nelle promesse di Dio.

L'inclusione di Rahab nell'argomentazione di Giacomo illustra l'universalità del principio che opera per convalidare la fede. Il suo esempio, insieme a quello di Abramo, dimostra che, indipendentemente dal proprio background o dalle proprie origini, la fede genuina in Dio si manifesta in azioni obbedienti e in una vita che riflette la fiducia nella Sua sovranità e nelle Sue promesse.

2:26 Poiché, come il corpo senza lo spirito è morto, così anche la fede senza le opere è morta.

Giacomo conclude la sua discussione sulla fede e sulle opere con una potente analogia: paragonando la fede senza opere a un corpo senza spirito. Proprio come un corpo fisico senza spirito è senza vita e inutile, così lo è la fede senza le opere. Questa analogia sottolinea che la fede, per essere efficace e viva, deve essere accompagnata da azioni che ne dimostrino la vitalità e la sincerità.

L'insegnamento di Giacomo qui non contraddice le dottrine della grazia presentate da Paolo o l'enfasi di Giovanni sulla fede come unica condizione per ricevere la vita eterna. Piuttosto, Giacomo integra questi insegnamenti affrontando l'attuazione pratica della fede nella vita del credente. Mette in guardia contro l'idea che una "fede morta" non possa esistere nella vita di un cristiano, sottolineando che la fede senza azioni corrispondenti è inattiva e, quindi, inefficace nel realizzare gli scopi di Dio.

È fondamentale capire che Giacomo non suggerisce che una "fede morta" conduca alla condanna eterna (l'inferno). Egli evidenzia invece i pericoli che la mancanza di lavoro può portare all'esperienza cristiana, comprese le potenziali conseguenze del peccato in questa vita. James sostiene una fede vibrante e attiva che professa la fede e la dimostra attraverso l'obbedienza e le buone opere.

Giacomo si rivolge ai credenti ricchi e poveri in tutta la sua epistola , sfidandoli a esaminare l'autenticità della loro fede valutando le loro azioni. Non mette in dubbio il loro status di salvezza né offre un nuovo piano di salvezza. Piuttosto, li incoraggia a vivere la loro fede in modi tangibili che riflettono la giustizia e l'amore di Dio.

L'enfasi di Giacomo sulla fede e sulle opere costituisce un necessario avvertimento e incoraggiamento per i credenti a vivere attivamente la propria fede, sapendo che la fede genuina produce una vita trasformata dall'obbedienza e dall'amore per Dio e per gli altri.

Il passaggio di Giacomo sulla fede e le opere dipende dalla comprensione precisa di cosa intende per "fede morta". Usa il termine "morto" come sinonimo di "inutile", indicando che la fede senza azioni di accompagnamento non contribuisce attivamente alla vita del credente o ai propositi del regno di Dio. È importante sottolineare che Giacomo non suggerisce che qualcuno con una fede morta manchi completamente di fede o non sia salvato. Sottolinea invece che una persona del genere possiede una fede salvifica ma non riesce a viverla praticamente quotidianamente.

Il concetto di "giustificare" nel contesto di Giacomo significa dichiarare giusto, non rendere giusto. Ciò è in linea con la comprensione teologica secondo cui la giustificazione avviene al momento della salvezza quando Dio dichiara giusto un credente sulla base della fede in Cristo, non per le proprie opere. Allo stesso modo, il termine "salvare" (gr. sozo) comprende l'intero viaggio del credente, inclusa la giustificazione, la santificazione (il processo per diventare più simili a Cristo) e la glorificazione (l'essere perfezionati in Cristo nell'eternità).

La preoccupazione di James riguarda principalmente la santificazione progressiva, il processo continuo per diventare più santi e simili a Cristo nella vita quotidiana. Sottolinea la necessità delle opere buone non per guadagnare la salvezza ma per dimostrare la realtà della propria fede. Dal punto di vista di Giacomo, le buone opere sono risultati naturali e prova di una fede genuina. Pertanto, anche se Giacomo non insegna che le buone opere siano necessarie per la salvezza iniziale (giustificazione), sottolinea fortemente la loro importanza nel cammino cristiano continuo (santificazione).

In termini pratici, Giacomo avverte che trascurare di vivere per fede – confidare e obbedire a Dio nella vita quotidiana – rende la propria fede inattiva o "inutile". Ciò può portare a perdere la pienezza delle benedizioni di Dio e persino ad affrontare le misure disciplinari di Dio, che possono includere conseguenze in questa vita. Pertanto, Giacomo incoraggia i credenti a esercitare continuamente la propria fede allineando le loro azioni con le loro convinzioni, dimostrando così il potere di trasformazione della grazia di Dio nelle loro vite.

Per riassumere, l'insegnamento di Giacomo nei versetti 14-26 è una chiamata alla fede attiva che influisce sul modo in cui i credenti vivono quotidianamente. È un promemoria per evitare l'autocompiacimento e per garantire che la fede non sia meramente teorica ma influenzi attivamente le scelte e le azioni di ciascuno. Questa prospettiva arricchisce la nostra comprensione della vita cristiana. Sottolinea la natura olistica della fede che comprende sia la fede che la pratica.

L'affermazione di Gesù in Matteo 7:16, 20, "Li riconoscerete dai loro frutti", serve come linea guida generale per valutare le persone piuttosto che come una formula rigorosa in cui le opere indicano sempre lo stato di salvezza di qualcuno. Questa prospettiva è cruciale perché se le opere fossero un indicatore infallibile di salvezza, ogni volta che un cristiano peccasse, ciò implicherebbe che non è salvato. Tuttavia, la Scrittura insegna che la salvezza si basa sulla fede nel sacrificio di Cristo e sulla dichiarazione di giustizia di Dio, non esclusivamente sulle buone opere (Efesini 2:8-9; Romani 3:21-22).

La parabola del grano e della zizzania (Matteo 13:24-41) illustra che all'interno della comunità cristiana ci sono sia credenti autentici sia coloro che possono apparire esteriormente simili ma privi di fede genuina. Alcuni cristiani potrebbero lottare contro la carnalità per lunghi periodi o mostrare incoerenze nel loro cammino con Dio. Tuttavia, la loro salvezza rimane sicura grazie alla loro fede iniziale in Cristo e nella grazia di Dio.

Il messaggio di Giacomo è in linea con la chiamata a vivere la propria fede in modo coerente e pratico. Sottolinea che la fede è evidenziata dalla fede iniziale e dalla fiducia e obbedienza a Dio continue e quotidiane. Ciò implica dimostrare attivamente la fede attraverso le buone opere, che riflettono la vita trasformata che risulta da un rapporto genuino con Cristo (Giacomo 2:18).

Sebbene ci si aspetti che le buone opere dai credenti siano una conseguenza naturale della fede (Colossesi 2:6; Tito 3:8; 2 Pietro 1:5-7), esse non sono automatiche o inevitabili. Richiedono uno sforzo intenzionale e il potere dello Spirito Santo per coltivare virtù come l'eccellenza morale, l'autocontrollo, la perseveranza, la pietà, la gentilezza fraterna e l'amore. Queste qualità si sviluppano attraverso la fede e l'obbedienza continua alla Parola di Dio.

Giacomo incoraggia i credenti a vivere la propria fede in modo autentico, non solo basandosi su una professione di fede passata, ma crescendo continuamente nella relazione con Dio e riflettendo il Suo carattere attraverso le loro azioni. Questa prospettiva arricchisce la nostra comprensione del discepolato cristiano, sottolineando la grazia che salva e la trasformazione continua che contraddistingue un vero seguace di Cristo.

Capitolo 2 Riepilogo

Il capitolo 2 del Libro di Giacomo affronta il tema della fede e delle opere, evidenziando la connessione tra la fede genuina in Cristo e la realizzazione di tale fede attraverso le buone opere. Ecco un riassunto dettagliato di James capitolo 2:

Versetti 1-13: Avvertimento contro il favoritismo

Giacomo inizia condannando il peccato di mostrare parzialità o favoritismo basato sulle apparenze esteriori, come la ricchezza o lo status. Lo illustra con un esempio di come un uomo ricco riceve un trattamento speciale rispetto a un uomo povero durante una riunione. Giacomo ricorda ai credenti che tali atteggiamenti contraddicono la fede nel nostro glorioso Signore Gesù Cristo, che non ha mostrato parzialità e ci ha comandato di amare il nostro prossimo come noi stessi. Egli avverte che coloro che mostrano favoritismi commettono peccato e sono condannati come trasgressori della legge. Un giudizio senza misericordia attende coloro che non hanno mostrato misericordia, sottolineando l'importanza di vivere la legge reale dell'amore.

Versetti 14-26: Fede e opere

Giacomo approfondisce poi il rapporto tra fede e opere, tema centrale di questo capitolo. Pone una domanda retorica: "A che serve, fratelli miei, se uno dice di avere la fede ma non ha le opere?" (v. 14, CEI). James sostiene che la fede genuina, se esiste, produrrà naturalmente azioni corrispondenti. Fa un esempio: se qualcuno afferma di avere fede ma non dimostra amore e cura pratica verso un fratello o una sorella bisognosi, la sua fede è inutile. La vera fede si dimostra con le opere.

James presenta quindi due esempi storici per illustrare il suo punto:

Abramo : Fu giustificato dalla sua fede quando obbedì a Dio e offrì Isacco sull'altare (Genesi 22). Questo atto dimostrò la genuinità della sua fede. Ciò adempì la Scrittura che diceva: "Abramo credette a Dio e questo gli fu accreditato come giustizia" (v. 23).

Rahab : La prostituta di Gerico che, per fede, accolse le spie e le aiutò a fuggire (Giosuè 2). Le sue azioni hanno mostrato la sua fede e hanno portato alla salvezza lei e la sua famiglia.

Giacomo conclude che la fede senza le opere è morta, sottolineando che la vera fede è attiva e produttiva. A ciò contrappone un'obiezione ipotetica: «Tu hai fede, io ho fatti» (v. 18). Egli ribatte affermando che la fede e le azioni non possono essere separate; la vera fede porta naturalmente alle azioni, e le azioni affermano l'autenticità della fede.

Temi chiave e lezioni

Favoritismo e amore : Giacomo sottolinea l'importanza dell'imparzialità e dell'amore nella condotta cristiana. Mostrare favoritismi contraddice il comandamento di amare il prossimo e rivela una mancanza di fede genuina.

Fede e opere : Giacomo chiarisce che mentre la salvezza avviene solo mediante la fede, la vera fede non è mai sola: è accompagnata da opere che ne dimostrano la realtà. Le opere non sono il mezzo della salvezza ma l'evidenza di essa.

Esempi di fede : Abramo e Rahab esemplificano come la fede genuina porti ad azioni obbedienti. Le loro vite evidenziano che la fede è più che un consenso intellettuale; implica la fiducia in Dio che si traduce in risposte obbedienti ai Suoi comandi.

La natura della fede : Giacomo sfida i credenti a esaminare la loro fede. La vera fede trasforma la vita e si manifesta nella rettitudine e nella compassione verso gli altri.

Giacomo capitolo 2 fornisce un solido fondamento teologico per la relazione tra fede e opere, sottolineando l'inseparabilità della fede genuina dalla sua espressione esteriore attraverso azioni giuste e amore per gli altri. Chiama i credenti a vivere la propria fede in modo autentico, assicurandosi di riflettere il potere di trasformazione del Vangelo in ogni aspetto.

Capitolo 2 Preghiera

Padre celeste,

Veniamo davanti a te umilmente, riconoscendo la tua sovranità e bontà. Grazie per la saggezza che impartisci attraverso la Tua Parola, specialmente attraverso Giacomo capitolo 2. Aiutaci, Signore, ad applicare questi insegnamenti nella nostra vita quotidiana.

Perdonaci, Padre, per le volte in cui abbiamo mostrato favoritismi o parzialità basati sulle apparenze esteriori. Aiutaci a vedere gli altri come li vedi Tu, con amore e compassione, indipendentemente dal loro status o background. Ricordiamo sempre che il Tuo regno valorizza l'umiltà e l'amore sopra ogni altra cosa.

Signore, rafforza la nostra fede. Insegnaci che la vera fede non è semplicemente una professione di fede, ma una fiducia viva e attiva in Te che si traduce in obbedienza e buone opere. Possa la nostra fede essere evidente nelle nostre azioni mentre cerchiamo di servire e amare gli altri con sacrificio, proprio come fece Gesù.

Concedici la saggezza, Spirito Santo, per discernere le opportunità per mostrare gentilezza, misericordia e compassione verso chi è nel bisogno. Aiutaci ad essere operatori della Parola e non solo ascoltatori, affinché la nostra fede sia viva ed efficace nel trasformare vite e comunità.

Signore, solleviamo coloro che lottano con dubbi o affrontano prove di fede. Rafforza i loro cuori, o Dio, e ricorda loro la Tua fedeltà e le Tue promesse. Aiutali a perseverare, sapendo che erediteranno le Tue promesse attraverso la fede e la pazienza.

Padre, possa la nostra vita essere un riflesso della Tua grazia e misericordia. Possano le nostre parole e le nostre azioni glorificarti e avvicinare gli altri al tuo regno. Usaci come strumenti della Tua pace e agenti del Tuo amore in un mondo che ha disperatamente bisogno della Tua luce.

Preghiamo tutte queste cose nel nome di Gesù Cristo, nostro Signore e Salvatore.

Amen.

Capitolo 2 Domande

Da cosa mette in guardia James nel capitolo 2?

Secondo James, come dovrebbero trattare i cristiani i ricchi e i poveri?

Quale analogia usa Giacomo per illustrare il punto riguardo alla fede e alle opere?

Come descrive Giacomo la fede senza le opere?

Quale figura dell'Antico Testamento utilizza Giacomo per illustrare la fede dimostrata attraverso le opere?

Chi altro usa Giacomo come esempio di fede mostrata attraverso le opere?

Cosa sostiene Giacomo riguardo alla fede e alle opere?

Come risponde Giacomo a qualcuno che afferma di avere fede ma non ha opere?

Secondo Giacomo, come sono collegate fede e opere?

Cosa dice Giacomo riguardo all'importanza di obbedire a tutta la legge?

Cosa insegna Giacomo riguardo alla misericordia e al giudizio?

In che modo Giacomo sfida i suoi lettori riguardo alla loro fede?

Quale esempio usa Giacomo per sottolineare il punto relativo alla fede e alle opere?

Secondo Giacomo, che tipo di fede hanno i demoni?

Come descrive James la legge della libertà?

Cosa dice Giacomo della fede priva di opere?

Cosa intende Giacomo con essere giustificato per le opere?

Secondo Giacomo, come dovrebbero trattare i credenti coloro che partecipano alla loro assemblea?

Qual è il messaggio principale che Giacomo vuole che i suoi lettori comprendano riguardo alla fede e alle opere?

Come conclude Giacomo il suo discorso su fede e opere?

Giacomo Capitolo 3:1-18

Domare la lingua

James sottolinea il ruolo critico delle nostre parole nelle nostre opere, evidenziando come il nostro discorso possa rivelare parzialità. Fornisce una guida per aiutare i credenti ad allineare le loro parole con la volontà di Dio. Riguardo alla fede e all'obbedienza mette in guardia dall'idea sbagliata che basti solo la fede, senza azioni corrispondenti. Storicamente, quando questa convinzione prende piede, favorisce un aumento di autoproclamati insegnanti e predicatori all'interno della Chiesa, che cercano di propagare le loro interpretazioni al di fuori della piena obbedienza alla parola di Dio (Giacomo 2:2-3).

Giacomo si concentra sull'uso improprio della lingua nel culto cristiano, nell'insegnamento e nella vita della chiesa, facendo eco alle preoccupazioni trovate in altri passaggi biblici (cfr. 1 Corinzi 12:3; 14:27-39). Passando dalla questione della fede oziosa, James passa a discutere i pericoli dei discorsi oziosi.

Giacomo utilizza uno stile retorico che ritorna al tema del discorso, precedentemente affrontato in 1:19 e 1:26, sottolineando l'importanza fondamentale del controllo della propria lingua (Giacomo 3:2). Questo capitolo affronta anche la tendenza a dare priorità alla teoria rispetto alla pratica, un tema connesso ai suoi insegnamenti precedenti (Giacomo 2:14-26).

James dirige il suo messaggio in particolare ai leader all'interno della chiesa, esortandoli a sfruttare il potere delle loro parole per orientare e guidare il corso della vita e della missione della chiesa. Usa immagini vivide, paragonando la lingua al morso nella bocca di un cavallo che ne controlla la direzione (Giacomo 3:3) e al timone di una nave che ne determina il percorso (Giacomo 3:4). Queste analogie evidenziano l'influenza significativa della parola nel plasmare la comunità e la missione della chiesa.

3:1 Non molti di voi diventino maestri, fratelli miei, perché sapete che noi che insegniamo saremo giudicati con maggiore severità.

Nel suo stile caratteristico, Giacomo introduce un nuovo argomento con una direttiva, come visto nei capitoli precedenti (cfr Giacomo 1,2; 2,1). Mentre ogni cristiano è chiamato a condividere e impartire la Parola di Dio (Matteo 28:19; Ebrei 5:12), Giacomo si rivolge specificamente a coloro che aspirano a diventare insegnanti formali all'interno della chiesa. Questo ruolo ebbe un notevole onore e influenza durante il suo tempo, simile a quello dei venerati rabbini della tradizione ebraica (Matteo 23:8).

James mette in guardia dall'aspirare a insegnare senza qualifiche adeguate o motivazioni degne, come alcuni tra il suo pubblico che cercavano prestigio o altri obiettivi indegni attraverso i ruoli di insegnamento. Implica che coloro che insegnano dovranno affrontare un giudizio più severo, sia da parte dei loro ascoltatori che, in ultima analisi, da parte di Dio, poiché professano di conoscere e vivere secondo la verità (Giacomo 3:1).

Riconoscendo la necessità degli insegnanti e mettendo in guardia contro l'incompetenza, James non denuncia l'insegnamento stesso. Tuttavia, egli sollecita moderazione e qualificazione prima di assumere un ruolo del genere. Sottolinea il pericolo dell'orgoglio spirituale e intellettuale che accompagna l'ufficio di insegnamento, mettendo in guardia dal diventare presuntuoso o "signor oracolo" nell'impartire l'istruzione spirituale (Giacomo 3:1-2).

3:2 Poiché tutti inciampiamo in molti modi. E se qualcuno non inciampa in ciò che dice, è un uomo perfetto, capace di tenere a freno anche tutto il suo corpo.

Giacomo evidenzia la sfida di controllare la lingua, sottolineando la sua propensione a causare errori significativi o "inciampo" nel parlare (Giacomo 3:2). Paragona la lingua a un membro piccolo ma potente del corpo, notoriamente difficile da domare (Giacomo 3:5-12). Nonostante i nostri migliori sforzi, solo Gesù Cristo ha padroneggiato perfettamente il controllo della parola.

La maturità spirituale, sostiene James, dipende dall'acquisizione della padronanza della propria lingua, un tema che riecheggia in altri insegnamenti biblici come in Tito 1:11. La lingua, anche se piccola, ha un grande potenziale sia di bene che di male. Giacomo suggerisce che, indipendentemente dagli altri peccati, tutti lottano per controllare le proprie parole (Giacomo 3:8).

James sottolinea l'importanza di esercitare la disciplina sulle nostre parole, riconoscendo che l'autocontrollo gioca un ruolo fondamentale nella nostra crescita e maturità spirituale.

3:3 Se mettiamo il morso in bocca ai cavalli affinché ci obbediscano, guideremo anche tutto il loro corpo.

Giacomo traccia un parallelo tra la lingua e le briglie di un cavallo, illustrando che proprio come un piccolo morso nella bocca di un cavallo dirige il suo intero corpo, così anche il controllo della lingua può governare l'intero essere (Giacomo 3:3-5). Sottolinea l'impatto significativo della parola sulle nostre vite, evidenziando come padroneggiare la lingua ci consenta di esercitare il controllo sulle nostre azioni e comportamenti.

Le immagini di James evidenziano un punto d'inciampo comune per i credenti: la lingua indisciplinata. Se lasciato incontrollato, questo organo piccolo ma potente può portare a notevoli insidie e sfide nel nostro viaggio spirituale (Giacomo 3:6).

James incoraggia i credenti a riconoscere il potere delle loro parole e l'importanza della moderazione nel parlare. Così facendo, dimostrano maturità e autodisciplina e governano efficacemente la propria vita in un modo che onora Dio e promuove l'unità all'interno della comunità di fede.

3:4 Guardate anche le navi: benché siano così grandi e siano spinte da forti venti, sono guidate da un piccolissimo timone dovunque la volontà del timoniere le dirige.

Giacomo illustra ulteriormente il potere della lingua paragonandola al piccolo timone di una nave che, nonostante le sue dimensioni, dirige l'intera nave anche in caso di forti venti (Giacomo 3:4). Avendo probabilmente osservato numerose navi sul Mar di Galilea e forse sul Mar Mediterraneo, James usa queste vivide immagini per sottolineare come qualcosa di apparentemente insignificante, un timone, possa esercitare un'influenza significativa sulla rotta di una nave.

Allo stesso modo, James suggerisce che la nostra lingua, sebbene di piccole dimensioni fisiche, esercita una notevole influenza sulle nostre vite e sulle nostre interazioni. Quando le nostre parole sono controllate e indirizzate con saggezza, possono guidarci attraverso circostanze difficili e aiutarci a superare gli ostacoli che altrimenti potrebbero portare alla discordia o al danno (Giacomo 3:5-6).

Questa analogia evidenzia il messaggio più ampio di James sulla padronanza del nostro discorso per l'integrità personale, l'armonia relazionale e la maturità spirituale. Esercitando moderazione e saggezza nelle nostre parole, possiamo orientare efficacemente la nostra vita in linea con la volontà e lo scopo di Dio.

3:5 Così anche la lingua è un piccolo membro, eppure si vanta di grandi cose. Quanto è grande una foresta incendiata da un fuoco così piccolo!

Giacomo continua a sottolineare l'impatto sproporzionato della lingua nonostante le sue piccole dimensioni, attingendo a due illustrazioni precedenti—il morso nella bocca di un cavallo e il timone di una nave—per enfatizzare il suo potere di dirigere e influenzare (Giacomo 3:3-4). . Piuttosto che interpretare il versetto 5a come una dichiarazione sul fare affermazioni pretenziose, James sottolinea il potere pratico della parola nel modellare risultati e relazioni.

Paragona la lingua a una scintilla che può accendere un grande incendio nella foresta (Giacomo 3:5-6). Questa analogia ritrae vividamente la potenziale distruttività del linguaggio incontrollato. Proprio come una piccola scintilla può incendiare una vasta distesa di foresta, la lingua, sebbene fisicamente piccola, possiede un immenso potere di causare danni se non gestita con attenzione.

Le immagini di James evidenziano l'importanza di esercitare cautela e saggezza nel nostro discorso. Nonostante le sue dimensioni, la lingua può esercitare un'influenza significativa, sia per scopi costruttivi che distruttivi. Riconoscendone l'impatto potenziale, i credenti sono incoraggiati a sfruttare le loro parole per l'edificazione, la pace e la gloria di Dio piuttosto che permettere loro di alimentare conflitti o danni all'interno delle loro comunità (Giacomo 3:7-8).

3:6 E la lingua è un fuoco, un mondo d'ingiustizia. La lingua è posta tra le nostre membra, macchia tutto il corpo, incendia tutto il corso della vita e infiamma la Geenna.

Giacomo descrive vividamente la lingua come una forza potente simile al fuoco, capace di scatenare un "mondo di ingiustizia" (Giacomo 3:6). Questa metafora evidenzia il potere e la natura perversa del linguaggio incontrollato. La lingua, sostiene Giacomo, diventa un canale attraverso il quale tutti i tipi di caratteristiche malvagie inerenti all'umanità decaduta – come la cupidigia, l'idolatria, la blasfemia, la lussuria e l'avidità – trovano espressione (Giacomo 3:6).

Dal punto di vista di Giacomo, la lingua agisce come un vasto sistema di iniquità, capace di diffondere influenze distruttive come il fuoco che si diffonde in modo incontrollabile (Giacomo 3:6). Lo descrive come una porta attraverso la quale le influenze dell'inferno possono permeare e infiammare ogni aspetto della vita che tocca (Giacomo 3:6).

È interessante notare che Giacomo utilizza il termine "inferno" (greco: Geenna) al di fuori dei Vangeli sinottici, sottolineando l'impatto diffuso del discorso incontrollato sia sulle vite individuali che forse sulla comunità dei credenti (Giacomo 3:6). Descrivendo la lingua in termini così crudi, Giacomo esorta i credenti a esercitare vigilanza e disciplina nel parlare, riconoscendo il suo potenziale sia di edificare e benedire, sia di corrompere e distruggere.

3:7 Poiché ogni specie di animali, di uccelli, di rettili e di creature marine, può essere domata ed è stata domata dall'uomo,

Storicamente, gli esseri umani hanno dimostrato la loro capacità di controllare varie forme di vita animale. Dall'insegnare a leoni, tigri e scimmie a eseguire acrobazie come saltare nei cerchi, all'addestrare pappagalli e canarini a parlare e cantare, fino ad affascinare i serpenti o istruire delfini e balene nell'esecuzione di compiti specifici: queste imprese mostrano l'abilità dell'umanità nell'addestramento e nella manipolazione degli animali (Giacomo 3:7).

Il mondo antico era orgoglioso di queste capacità, considerandole una testimonianza del dominio umano sul regno animale. La parola greca usata da Giacomo, spesso tradotta come "addomesticato", potrebbe essere resa più accuratamente come "sottomesso". Questa distinzione implica che, sebbene gli esseri umani siano riusciti a controllare con successo molti animali, non tutti sono stati addomesticati nel senso di diventare completamente docili o sottomessi all'autorità umana (Giacomo 3:7).

James si avvale di questa analogia per evidenziare la natura paradossale della lingua. Nonostante la capacità dell'umanità di controllare e manipolare gli animali, la lingua rimane una sfida formidabile da controllare dentro di noi (Giacomo 3:8). Questo confronto evidenzia l'importanza di padroneggiare la propria parola, riconoscendone il potenziale di portare armonia e benedizione o discordia e danno nelle nostre interazioni e relazioni.

3:8, ma nessun essere umano può domare la lingua. É il male incessante, pieno di veleno motale.

Giacomo sottolinea la sfida significativa del controllo della lingua, sottolineando che nessun essere umano, senza l'aiuto dello Spirito Santo, è mai stato in grado di sottometterla o domarla completamente (Giacomo 3:8). Paragona il pericolo della lingua a quello degli animali mortalmente velenosi, evidenziandone l'attività incessante e il potenziale distruttivo solo attraverso le parole (Giacomo 3:8).

Come il fuoco e gli animali selvatici, la lingua possiede il potere di causare distruzione e danno (Giacomo 3:5-6). Giacomo lo evidenzia tracciando paralleli tra questi elementi, sottolineando la loro capacità di provocare caos se non adeguatamente gestiti o frenati (Giacomo 3:5).

Questa prospettiva è in linea con la saggezza biblica che si trova in passaggi come Salmo 62:4, che riconosce il potere della parola di danneggiare e distruggere. Gli insegnamenti di Giacomo esortano quindi i credenti a fare affidamento sulla guida dello Spirito Santo nel controllare le loro parole, riconoscendo il suo potenziale di edificare o demolire, a seconda di come viene utilizzato (Giacomo 3:9-12).

3:9 Con esso benediciamo il nostro Signore e Padre e con esso malediciamo le persone fatte a somiglianza di Dio.

Giacomo sottolinea l'incoerenza nell'usare le nostre parole sia per onorare Dio che per disonorare gli altri esseri umani, che sono creati a immagine di Dio (Genesi 1:27). Questo duplice approccio contraddice la verità fondamentale secondo cui tutte le persone riflettono l'immagine divina e quindi meritano rispetto e onore nel nostro discorso (Giacomo 3:9).

La lezione significativa di Giacomo è che quando malediciamo o parliamo male di qualcuno creato a immagine di Dio, indirettamente malediciamo e manchiamo di rispetto a Dio, il prototipo ultimo dell'immagine dell'umanità (Giacomo 3:9).

Nella tradizione ebraica, benedire Dio è considerato un atto sacro, esemplificato da rituali come la recita delle Diciotto Benedizioni, che si concludono con l'affermazione della benedizione di Dio (Giacomo 3:9). Allo stesso modo, gli ebrei tradizionalmente aggiungevano "Benedetto sia Lui" a ogni menzione del nome di Dio nel parlare e negli scritti, riflettendo profonda riverenza e rispetto (Giacomo 3:9).

L'esortazione di Giacomo sfida i credenti ad allineare il loro discorso con questa riverenza e rispetto, riconoscendo l'immagine divina in ogni persona e onorando Dio attraverso il modo in cui parlano degli altri e agli altri (Giacomo 3:10-12). Questo approccio promuove l'unità, il rispetto e la dignità all'interno della comunità di fede, riflettendo il carattere di Dio e il Suo desiderio che ci amiamo gli uni gli altri come Lui ci ama.

3:10 Dalla stessa bocca esce benedizione e maledizione. Fratelli miei, queste cose non dovrebbero essere così.

Giacomo condanna l'incoerenza per cui le benedizioni verso Dio e le maledizioni verso gli altri escono dalla stessa bocca, sottolineando che ciò va contro sia la volontà di Dio che l'ordine naturale delle cose (Giacomo 3:10). Anche se i credenti possiedono il potenziale, attraverso la presenza dello Spirito Santo, di controllare la propria lingua, non sempre riescono a sfruttare efficacemente questa capacità (Giacomo 3:8).

Giacomo esorta all'applicazione pratica della fede nella vita quotidiana. Ammonisce coloro che lodano Dio nell'adorazione ma parlano in modo dannoso altrove, comandando la purificazione della parola durante tutta la settimana (Giacomo 3:9). Sfida coloro che giustificano discorsi eccessivi o abitudini linguistiche dannose, sottolineando la necessità di disciplina e autocontrollo nel parlare (Giacomo 3:10-11).

Per Giacomo, la fede genuina è trasformativa, in quanto influisce non solo sulle credenze ma anche sui comportamenti, comprese le abitudini linguistiche (Giacomo 3:12). Si aspetta che i cristiani cerchino la grazia divina per coltivare un linguaggio sano, rifiutando abitudini corrotte come pettegolezzi, insulti, scherno e sarcasmo all'interno delle comunità ecclesiali (Giacomo 3:13).

Giacomo affronta le implicazioni più ampie del discorso all'interno degli ambienti ecclesiali, mettendo in guardia contro le controversie rabbiose e le calunnie che possono sorgere all'interno dei conflitti interni (Giacomo 4:1-2, 11-12). Sottolinea l'importanza di parole che edificano anziché abbattere, riflettendo una vita trasformata in linea con la volontà di Dio e caratterizzata dall'amore e dal rispetto per gli altri (Giacomo 3:13).

Gli insegnamenti di Giacomo chiamano i credenti ad allineare le loro parole con la loro fede, riconoscendo che la vera conoscenza di Dio si manifesta in vite trasformate e discorsi che Lo onorano ed edificano gli altri.

3:11 Dalla stessa apertura sgorga forse una sorgente d'acqua dolce e salata? 3:12 Può forse, fratelli miei, un fico produrre ulivi, o una vite produrre fichi? Nemmeno uno stagno salato può produrre acqua dolce.

Giacomo utilizza illustrazioni efficaci per evidenziare l'incoerenza intrinseca del linguaggio umano (Giacomo 3:11-12), tracciando paralleli con fenomeni naturali che producono un solo tipo di risultato:

Sorgente o fontana : proprio come una sorgente o una fontana produce acqua fresca o amara, ma non entrambe, la lingua può produrre parole che edificano o parole che demoliscono (Giacomo 3:11).

Albero di fico : Allo stesso modo, un albero di fico produce naturalmente frutti della sua specie: i fichi. Allo stesso modo, la lingua, influenzata dalla natura umana, tende a produrre parole che riflettono la condizione del cuore e della mente (Giacomo 3:12).

Giacomo sottolinea la necessità di controllare la lingua a causa della sua natura piccola ma influente (Giacomo 3:5). Egli sottolinea il pericolo di permettere alla lingua di agire senza controllo, paragonando il suo potenziale a quello di una forza satanica e contagiosa che può corrompere le relazioni e le comunità (Giacomo 3:6-8). Pertanto, chiede disciplina e pulizia della parola, riconoscendo la sua tendenza ad essere incoerente e talvolta dannosa (Giacomo 3:10-12).

In contrasto con gli insegnamenti superficiali e ipocriti di alcuni leader religiosi, Giacomo affronta le cause profonde del comportamento umano e la necessità di una vera trasformazione attraverso l'influenza santificatrice dello Spirito Santo (Giacomo 3:13). Esorta i credenti ad allineare il loro discorso con la loro fede, riflettendo un cuore rinnovato e guidato dalla saggezza e dall'amore di Dio.

Saggezza dall'alto

3:13 Chi è saggio e intelligente tra voi? Con la sua buona condotta mostri le sue opere nella mitezza della saggezza.

Giacomo progredisce nella sua discussione sul linguaggio umano collegando la saggezza con il controllo della lingua, sottolineando le applicazioni pratiche che si allineano con la prospettiva di Dio e promuovono la pace (Giacomo 3:13-18). Inizia evidenziando le qualifiche di un insegnante, sottolineando l'importanza della saggezza e della comprensione che derivano dal vedere la vita attraverso la lente di Dio (Giacomo 3:1).

Al centro dell'insegnamento di Giacomo c'è il concetto che la saggezza si manifesta non solo nell'abilità intellettuale o nell'acutezza verbale, ma soprattutto nelle azioni e nel comportamento di una persona (Giacomo 3:13). Si ispira alla letteratura sapienziale dell'Antico Testamento, suggerendo che la vera saggezza è distinguibile attraverso la condotta di una persona e l'umiltà con cui si sottomette all'autorità divina (Giacomo 3:13).

Giacomo usa la parola greca " prauteti " (gentilezza o mansuetudine) per illustrare la caratteristica di una persona saggia, una caratteristica paragonata a un cavallo addestrato sotto il controllo di una briglia, che simboleggia la forza temperata dall'umiltà e dalla sottomissione allo Spirito Santo (Giacomo 3:13). Questa umiltà riflette una scelta deliberata di porre la propria mente sotto l'autorità di Dio, permettendoGli di guidare e controllare i propri pensieri e le proprie parole (Giacomo 3:13; Matteo 11:27; 2 Corinzi 10:1).

In contrasto con gli insegnamenti orgogliosi e divisivi dei leader autoproclamati, Giacomo sottolinea l'importanza dell'umiltà e della mitezza, specialmente per coloro che ricoprono ruoli di insegnamento all'interno della chiesa (Giacomo 3:14-16). Mette in guardia contro le trappole dell'orgoglio intellettuale, esortando insegnanti e predicatori a mantenere l'umiltà e l'integrità morale nel loro ministero (Giacomo 3:15-16).

In definitiva, il concetto di saggezza di Giacomo è profondamente radicato nell'integrità morale e nella rettitudine pratica, enfatizzando la trasformazione del cuore e della mente sotto la guida della saggezza di Dio piuttosto che la semplice abilità intellettuale o eloquenza (Giacomo 3:17-18). Incoraggia i credenti, specialmente quelli che ricoprono ruoli di leadership, a dare un esempio di umiltà e gentilezza nei loro discorsi e nella loro condotta, riflettendo la saggezza di Dio e promuovendo la pace all'interno della comunità ecclesiale (Giacomo 3:17-18).

3:14 Ma se avete amara gelosia e ambizione egoistica nel vostro cuore, non vantatevi e non siate falsi alla verità.

Giacomo mette fortemente in guardia dal permettere che "l'amara gelosia e l'ambizione egoistica" mettano radici nel cuore di un insegnante, poiché queste motivazioni portano a parole e azioni dannose (Giacomo 3:14). Descrive l'"invidia amara" come una caratteristica acuta e pungente simile all'acqua amara di una sorgente, sottolineandone la natura corrosiva (Giacomo 3:14). L'invidia (zelos) qui denota un desiderio zelante o geloso che può portare a conflitti e divisioni all'interno della comunità (Giacomo 3:16).

Il termine "egoismo" (eritheia) evidenzia ulteriormente un atteggiamento divisivo, spesso tradotto come "conflitto" o "faziosità", indicando una ricerca egoistica di interessi personali a scapito dell'unità e della verità (Giacomo 3:14). Questo comportamento, guidato dalla natura umana peccaminosa, favorisce una mentalità divisiva di "noi contro loro", contraria allo spirito di umiltà e altruismo che dovrebbe caratterizzare l'insegnamento e la leadership cristiana (Giacomo 3:16).

Giacomo collega questi atteggiamenti con l'arroganza e la vanteria (katakauchaomai), che promuovono l'interesse personale piuttosto che la verità che gli insegnanti hanno il compito di comunicare (Giacomo 3:14). Quando gli insegnanti soccombono a queste tentazioni, possono distorcere o insegnare falsità (pseudomai) che contraddicono il messaggio del Vangelo e la verità di Dio (Giacomo 3:14).

Per Giacomo l'umiltà è essenziale per la vera saggezza e un insegnamento efficace. Critica coloro che si vantano di saggezza senza vivere umilmente, affermando che tale arroganza è incompatibile con le vie di Dio (Giacomo 3:14). Questo appello all'umiltà si applica universalmente, sfidando sia i cristiani che i non cristiani ad abbracciare una mentalità che dà priorità alla verità, all'unità e al benessere degli altri rispetto ai programmi personali o alle ambizioni egoistiche (Giacomo 3:14).

In sintesi, Giacomo esorta gli insegnanti e tutti i credenti a coltivare l'umiltà, a rifiutare le ambizioni egoistiche e a promuovere l'unità e la verità nelle loro parole e azioni, riflettendo la saggezza e l'amore di Dio nelle loro vite.

3:15 Questa non è la saggezza che discende dall'alto ma è terrena, non spirituale, demoniaca.

Giacomo critica un tipo di "saggezza" che è radicata nella gelosia e nell'ambizione egoistica, affermando che non ha origine dal timore del Signore (Giacomo 3:15). Invece, questo tipo di saggezza si allinea con gli aspetti terreni e naturali del mondo, privo dell'influenza soprannaturale dello Spirito di Dio (Giacomo 3:15). Giacomo arriva al punto di etichettarlo come "demoniaco", paragonandolo alle caratteristiche ingannevoli, ipocrite e malvagie associate all'influenza demoniaca (Giacomo 3:15).

La distinzione tracciata da Giacomo evidenzia il contrasto tra la saggezza mondana, che dà priorità al guadagno personale e all'ambizione, e la vera saggezza che scaturisce dalla riverenza e dall'obbedienza a Dio (Giacomo 3:15). Questa saggezza mondana riflette i nemici spirituali dell'umanità, vale a dire il mondo (terreno), la carne (naturale) e il diavolo (demoniaco), che si oppongono alla verità di Dio e allontanano gli individui dalla fede genuina e dalla giustizia (Giacomo 3:15). .

James sottolinea che la vera saggezza non è meramente accademica o intellettuale; è dimostrato attraverso atti e azioni giuste che riflettono una vita trasformata dalla verità di Dio (Giacomo 3:16). Egli sfida i credenti a cercare una saggezza che trascenda gli standard mondani, concentrandosi invece sull'applicazione della verità di Dio a ogni aspetto della vita, incarnando così una fede e un'obbedienza autentiche (Giacomo 3:16).

L'insegnamento di Giacomo evidenzia l'importanza di discernere tra la saggezza mondana guidata dall'ambizione egoistica e la vera saggezza che emana da un timore reverenziale del Signore e si allinea ai Suoi principi divini. Invita i credenti a perseguire la saggezza che conduce alla rettitudine e riflette quotidianamente il carattere di Dio.

3:16 Perché dove esistono gelosia e ambizione egoistica, lì sarà disordine e ogni pratica vile.

Giacomo sottolinea che Dio, nella Sua natura e carattere, rappresenta l'ordine e la pace, non il disordine o la confusione (Giacomo 3:16; 1 Corinzi 14:33). Ciò contrasta nettamente con la presenza di "gelosia e ambizione egoistica", che Giacomo identifica come caratteristiche che non sono in linea con la saggezza fornita da Dio (Giacomo 3:16).

Il termine "disordine" (gr. akatastasia) denota uno stato di confusione, tumulto o instabilità, che è antitetico alla natura di Dio come fonte di ordine e pace, riflesso nella Sua creazione (Genesi 1) e nel Suo governo sull'universo (1 Corinzi 14:33). Dio si oppone a "ogni cosa malvagia" (1 Giovanni 1:5), comprese le influenze distruttive e divisive della gelosia e dell'ambizione egoistica (Giacomo 3:16).

Giacomo mette inoltre in guardia contro l'impatto dannoso degli individui che, nonostante il loro acume intellettuale ed eloquenza, seminano discordia e conflitto all'interno delle comunità e delle chiese (Giacomo 3:16). Tale comportamento , guidato dalla saggezza mondana radicata nell'interesse personale e nell'orgoglio, è descritto come "diabolico" piuttosto che divino, in linea più con le intenzioni distruttive di Satana che con l'opera di redenzione di Dio (Giacomo 3:16).

Pertanto, Giacomo sottolinea l'importanza del discernimento della saggezza che promuove l'unità, la pace e la rettitudine – attributi che riflettono il carattere di Dio – e della saggezza che promuove la divisione, il conflitto e l'ambizione egoistica. I credenti sono chiamati a perseguire e incarnare la saggezza che scaturisce da un cuore trasformato dalla verità di Dio e caratterizzato dall'umiltà, dall'amore e dall'impegno verso i propositi di Dio (Giacomo 3:16).

3:17 Ma la sapienza dall'alto è pura, quindi pacifica, mite, aperta alla ragione, piena di misericordia e di buoni frutti, imparziale e sincera.

"La saggezza dall'alto", come descritta da James, incarna diverse caratteristiche essenziali che la distinguono dalla saggezza mondana e riflettono la sua origine divina. Giacomo delinea queste qualità per illustrare come la vera saggezza si allinea con la natura di Dio e promuove la vera giustizia e la pace all'interno dei credenti e delle comunità.

In primo luogo, questa saggezza è "pura" (gr. hagnos), indicando la sua libertà da contaminazione morale o impurità (Giacomo 3:17). È in netto contrasto con le ambizioni egoistiche e le gelosie che caratterizzano la saggezza mondana (Giacomo 3:16).

In secondo luogo, la saggezza dall'alto è "amante della pace" (gr. eirenikos); cerca l'armonia e l'unità piuttosto che causare conflitti o divisioni (Giacomo 3:17). Ciò è in linea con il desiderio di Dio che il Suo popolo viva in pace gli uni con gli altri e promuova la riconciliazione (Matteo 5:9).

In terzo luogo, è "gentile" (gr. epiekes), dimostrando un atteggiamento premuroso e gentile verso gli altri, evitando durezza o rigidità (Giacomo 3:17). Questa gentilezza riflette la natura compassionevole e paziente di Dio stesso (Salmo 145:8).

In quarto luogo, questa saggezza è "ragionevole" (gr. eupeithes), indicando la sua apertura alla ragione e la volontà di cedere alla saggezza e alla verità (Giacomo 3:17). Non insiste ostinatamente a modo suo, ma è umile e istruibile.

In quinto luogo, è "pieno di misericordia" (gr. eleos), mostrando attivamente compassione e perdono verso gli altri in modi pratici (Giacomo 3:17). Ciò rispecchia l'abbondante misericordia di Dio verso l'umanità e incoraggia i credenti a estendere la grazia agli altri (Efesini 2:4).

In sesto luogo, è "pieno di buoni frutti" (gr. karpos), producendo azioni di giustizia e atti di gentilezza a beneficio degli altri (Giacomo 3:17). Ciò enfatizza l'attuazione pratica della fede e dell'amore nella vita dei credenti (Galati 5:22-23).

In settimo luogo, è "imparziale" (gr. adiakritos), essendo coerente ed equo nel trattamento degli altri, senza favoritismi o pregiudizi (Giacomo 3:17). Ciò riflette la giustizia e l'imparzialità di Dio nei Suoi rapporti con tutte le persone (Romani 2:11).

Infine, questa saggezza è "senza ipocrisia" (gr. anupokritos), genuina e sincera nei suoi motivi e nelle sue azioni, trasparente e fedele alle sue convinzioni professate (Giacomo 3:17). Chiama i credenti a vivere in modo autentico e onesto davanti a Dio e agli altri (1 Pietro 1:22).

Giacomo presenta "la saggezza dall'alto" come una forza trasformatrice che modella gli atteggiamenti, le azioni e le relazioni dei credenti secondo gli standard divini di purezza, pace, compassione, equità e sincerità di Dio. Contrasta nettamente con la saggezza egocentrica, divisiva e ipocrita del mondo, invitando i cristiani a perseguire e incarnare la saggezza di Dio in tutti gli aspetti della vita.

3:18 E un raccolto di giustizia è seminato in pace da coloro che operano la pace.

James sottolinea l'importanza significativa della parola, soprattutto per coloro che sono impegnati a diffondere la Parola di Dio e a promuovere la pace all'interno delle comunità. Insegna che coloro che mirano a coltivare la rettitudine devono farlo con mezzi pacifici, evitando parole e azioni che provochino conflitto o divisione (Giacomo 3:18).

Il termine "rettitudine" qui comprende tutto ciò che è giusto e buono agli occhi di Dio, sottolineando l'integrità morale ed etica globale. Giacomo esorta che questa fruttuosa giustizia non può fiorire se seminata in mezzo a discorsi controversi o incendiari, tracciando parallelismi con gli insegnamenti di Paolo sulla gestione dei disaccordi all'interno della chiesa (1 Timoteo 5:1-2; 2 Timoteo 2:14, 24-26).

"La saggezza dall'alto", come descritta da Giacomo, dà priorità alla giustizia e alla pace, guidando i credenti a perseguire la riconciliazione e l'armonia nelle loro interazioni (Giacomo 3:17). Questa saggezza favorisce un clima favorevole alla produzione del "frutto" della giustizia, un raccolto contrassegnato da azioni di bontà e integrità (Giacomo 3:18).

Giacomo sottolinea che un discorso accattivante ed edificante deriva da uno spirito saggio e colto, sottolineando la connessione tra premurosità e capacità di controllare la propria lingua (Giacomo 3:13-18). Ricorda ai credenti che solo Dio può domare la lingua e impartire la saggezza per parlare con grazia e verità.

Pertanto, Giacomo consiglia cautela nell'assumere ruoli di insegnamento, sottolineando la responsabilità che deriva dal maneggiare parole che hanno il potere di edificare o abbattere (Giacomo 3:1). Afferma che la vera saggezza, caratterizzata da umiltà, benevolenza e pace, ha origine solo da Dio ed è essenziale per un ministero fruttuoso e una genuina vita cristiana (Giacomo 3:17-18).

Gli insegnamenti di Giacomo in questo capitolo servono come promemoria vitale dell'impatto significativo delle nostre parole e della necessità di allineare il nostro discorso con la saggezza dall'alto. Coltivando uno spirito di umiltà e perseguendo la pace, i credenti possono effettivamente adempiere alla chiamata di Dio e portare il frutto della giustizia nelle loro vite e comunità.

Riepilogo del capitolo 3

Il capitolo 3 del Libro di Giacomo affronta il tema del controllo della lingua e della saggezza che viene dall'alto. Ecco un riepilogo dettagliato:

Il potere della lingua (Giacomo 3:1-5a) : Giacomo inizia mettendo in guardia contro il desiderio di essere insegnanti, poiché saranno giudicati più severamente. Usa analogie per illustrare il potere e il potenziale danno della lingua: un morso nella bocca di un cavallo controlla l'intero cavallo, un piccolo timone dirige una grande nave e una piccola scintilla può incendiare una foresta. Allo stesso modo, anche se piccola, la lingua vanta un grande potere e deve essere attentamente controllata.

Il problema della lingua indomita (Giacomo 3:5b-12) : Giacomo evidenzia la natura paradossale della lingua, che può benedire e maledire, lodare Dio e calunniare gli altri. Critica l'incoerenza dell'uso della lingua per l'adorazione e per i discorsi dannosi. Paragona la lingua a una sorgente che produce acqua fresca o amara, sottolineando che una fontana pura non può produrre acqua impura.

La vera saggezza e le sue caratteristiche (Giacomo 3:13-18) : Giacomo contrappone la saggezza terrena, caratterizzata da gelosia, ambizione egoistica e disordine, con la saggezza celeste, che si manifesta nella purezza, negli atteggiamenti amanti della pace, nella gentilezza, nella ragionevolezza, nella misericordia, nella bontà. frutti, imparzialità e sincerità. Spiega che la vera saggezza dall'alto porta a un raccolto di rettitudine e promuove la pace nelle relazioni e nelle comunità.

La fonte del conflitto (Giacomo 4:1-3) : Giacomo identifica la causa principale dei conflitti e delle controversie tra i credenti: desideri egoistici e passioni incontrollate che portano all'invidia, alla brama e ai litigi. Sostiene che questi conflitti sorgono perché le persone non chiedono a Dio ciò di cui hanno bisogno o lo chiedono con motivazioni sbagliate, cercando solo di soddisfare i propri piaceri.

L'appello all'umiltà e alla sottomissione (Giacomo 4:4-10) : Giacomo rimprovera coloro che sono amici del mondo, avvertendoli dell'inimicizia tra l'amicizia con il mondo e l'amicizia con Dio. Invita al pentimento, all'umiltà e alla sottomissione a Dio, esortando i credenti ad avvicinarsi a Lui affinché Lui si avvicini a loro. Incoraggia il sincero dolore per il peccato e la purificazione dei cuori dalla doppiezza mentale .

Avvertimento contro l'arroganza (Giacomo 4:11-17) : Giacomo ammonisce di parlare male gli uni contro gli altri e di giudicare gli altri, sottolineando che solo Dio è il vero giudice. Mette in guardia dalla vanteria e dall'arroganza nel fare progetti senza riconoscere la sovranità di Dio sul futuro. Conclude affermando la necessità dell'umiltà, della fiducia nella volontà di Dio e dell'obbedienza che scaturisce dalla fede.

Temi chiave :

- **Controllo della lingua** : il capitolo sottolinea l'importanza di controllare la parola e di usare la lingua per l'edificazione piuttosto che per la distruzione.
- **Saggezza dall'alto** : Giacomo contrappone la saggezza terrena (egoista e disordinata) alla saggezza celeste (pura, amante della pace e giusta).
- **Conflitto e umiltà** : Giacomo affronta le cause profonde del conflitto all'interno della comunità e invita all'umiltà, alla sottomissione a Dio e al pentimento.
- **Sovranità di Dio e responsabilità umana** : Giacomo sottolinea l'equilibrio tra il riconoscimento della sovranità di Dio e l'esercizio di un'amministrazione responsabile delle proprie azioni e parole.

Giacomo 3 costituisce un'esortazione significativa a vivere saggiamente, parlare in modo responsabile e coltivare la pace e la rettitudine nelle relazioni, guidati dalla saggezza che viene da Dio.

Capitolo 3 Preghiera

Padre celeste,

Veniamo davanti a Te con il cuore umiliato dalla Tua Parola. Attraverso James ci hai mostrato il potere e il potenziale danno della lingua, e confessiamo che spesso non riusciamo a controllare il nostro modo di parlare. Perdonaci, Signore, perché abbiamo usato le nostre parole per danneggiare gli altri, spettegolare, vantarci o parlare senza considerare la Tua saggezza.

Concedici, o Dio, la saggezza dall'alto. Possano le nostre lingue essere strumenti della Tua pace, pronunciando parole di incoraggiamento, gentilezza e verità. Aiutaci a sfruttare il potere delle nostre parole per edificare gli altri e glorificare il Tuo nome. Insegnaci ad essere pronti ad ascoltare, lenti a parlare e lenti ad arrabbiarci, riflettendo il Tuo carattere nelle nostre interazioni con gli altri.

Padre, sradica ogni gelosia, ambizione egoistica o orgoglio che possa persistere nei nostri cuori. Sostituiscili con l'umiltà e un genuino desiderio di rettitudine. Aiutaci a cercare la pace nelle nostre relazioni e comunità, sforzandoci di seminare semi di unità e comprensione.

Ricordiamo sempre che la nostra saggezza e comprensione provengono solo da Te. Guidaci in ogni decisione e conversazione affinché possiamo onorarti in tutto ciò che diciamo e facciamo.

Nel nome di Gesù, preghiamo, Amen.

Capitolo 3 Domande

Che cosa sottolinea Giacomo come aspetto cruciale della maturità cristiana nel capitolo 3?

Secondo James, perché si dovrebbe aspirare ad essere un insegnante nella chiesa?

Quali illustrazioni usa Giacomo per illustrare il potere della lingua?

Quale analogia usa James per descrivere come la lingua può innescare conseguenze significative?

Quale contrasto traccia James tra le capacità della lingua e il suo potenziale dannoso?

Secondo James, che tipo di saggezza è terrena e demoniaca?

Quali sono le caratteristiche della saggezza dall'alto, come descritta da Giacomo?

In che modo James collega la saggezza con la costruzione della pace?

Cosa mette in guardia Giacomo sui pericoli del parlare incontrollato?

Quale principio spirituale sottolinea Giacomo riguardo al potere della lingua?

In che modo Giacomo usa le analogie della natura per illustrare i suoi punti sulla lingua?

Perché James mette in guardia dal cercare di diventare insegnante?

Quali sono secondo James alcune caratteristiche della saggezza terrena?

Che ruolo gioca la lingua nella discussione di Giacomo sulla fede e sulle azioni?

Come descrive Giacomo la natura della lingua?

Che consigli dà James a coloro che aspirano a diventare insegnanti?

In che modo James collega la saggezza con il comportamento?

Secondo Giacomo, quali sono i frutti della saggezza dall'alto?

A cosa Giacomo paragona la lingua per quanto riguarda il suo potenziale di danno e influenza?

In che modo l'insegnamento di Giacomo sulla lingua si collega ai temi più ampi della vita cristiana?

Giacomo Capitolo 4:1-17

Avvertimento contro la mondanità

In questo capitolo, Giacomo fornisce una guida per promuovere la pace tra i credenti, sottolineando l'armonia con Dio, gli altri e se stessi. Questo tema è strettamente in linea con gli insegnamenti precedenti nel capitolo 1 (cfr. Giacomo 4:6 con 1:5, 21; 4:8b con 1:6-8, 15, 21, 27; 4:9-10 con 1:21). .

Giacomo 4 continua la discussione sul conflitto, espandendo la sua attenzione oltre gli insegnanti menzionati in 3:14 per includere l'intera comunità alle prese con problemi simili. Egli identifica che i conflitti nascono da desideri interiori (versetti 1-3) e sono esacerbati dalle influenze mondane. Giacomo evidenzia l'impossibilità di amare contemporaneamente il mondo e Dio (vv. 4-6), esortando i cristiani a resistere al diavolo e ad avvicinarsi a Dio (vv. 7-10). Questo capitolo serve quindi come guida pratica per affrontare i conflitti interpersonali all'interno della comunità cristiana, approfondendo al contempo la propria relazione con Dio.

4:1 **Che cosa causa le liti e che cosa causa le liti tra voi? Non è per questo che le tue passioni sono in guerra dentro di te?**

Giacomo inizia questo capitolo affrontando una questione pratica affrontata dai suoi lettori: conflitti e litigi tra credenti. Dopo aver sottolineato in precedenza l'importanza di evitare conflitti e promuovere la pace (Giacomo 3:14-16, 13, 17-18), Giacomo affronta ora la realtà della discordia all'interno della comunità cristiana.

Giacomo si riferisce a dispute interne e divisioni tra fratelli cristiani, non a guerre esterne. L'assenza del suo solito discorso caloroso, "fratelli e sorelle" (che si trova in 1:2; 2:1; 3:1) in questa sezione potrebbe indicare la serietà della questione in questione (versetto 13). Alcuni studiosi suggeriscono che questa omissione potrebbe evitare la ripetizione o evidenziare la gravità dei peccati discussi, portando alcuni a ipotizzare se Giacomo abbia diretto questa esortazione esclusivamente agli ebrei non credenti. Tuttavia, l'uso coerente di "fratelli e sorelle" da parte di Giacomo in tutta l'epistola suggerisce che si rivolge ai compagni cristiani in ogni sezione.

Il brusco passaggio dall'immagine serena della saggezza dall'alto (Giacomo 3:17-18) alla cruda realtà del conflitto mondano (Giacomo 4:1-12) evidenzia l'urgente bisogno del forte rimprovero di Giacomo contro la mondanità. Questo spirito mondano ha storicamente afflitto la chiesa in varie forme sottili. Giacomo delinea queste manifestazioni: conflitto egoistico tra credenti (4:1-12), presuntuosa autosufficienza nella pianificazione degli affari (4:13-17), reazioni improprie all'ingiustizia (5:1-11), e l'uso improprio dei giuramenti per scopi egoistici (5:12).

In sintesi, le esortazioni di Giacomo in questo capitolo sono un forte promemoria dei pericoli della mondanità e dell'importanza fondamentale di mantenere la pace e l'unità all'interno della comunità cristiana, radicata nella saggezza celeste piuttosto che nei desideri terreni.

James distingue tra "litigi" (greco: polemoi , guerre) e "conflitti" (greco: machoi , battaglie) nell'affrontare sia controversie su larga scala tra molti individui sia tensioni minori all'interno o tra poche persone. Identifica entrambi i tipi di conflitto come dannosi per la pace all'interno della comunità. La frase "tra voi" è un monito generale rivolto a tutti i lettori, che evidenzia l'universalità di queste questioni tra i credenti.

James individua nei "piaceri" la causa principale di questi conflitti utilizzando una domanda retorica. Qui, i "piaceri" si riferiscono ai desideri soddisfatti, che James paragona a un esercito assediante che assale gli individui. Piuttosto che questi desideri in conflitto tra loro all'interno di un credente, James sottolinea che essi assalgono collettivamente l'individuo. Ciò contrasta con l'idea sbagliata comune secondo cui le circostanze esterne causano principalmente i conflitti; Giacomo fa risalire la loro origine ai desideri interiori (versetto 2).

La ricerca della soddisfazione personale è un tema pervasivo nella cultura umana, dove le persone investono molto tempo, denaro ed energia per soddisfare i propri desideri (cfr Luca 8:14; Tito 3:3). Giacomo sfida i credenti a valutare se le loro risorse sono principalmente dirette a soddisfare desideri egoistici o ad allinearsi con i desideri di Dio (Matteo 6:33a). Sebbene i desideri egoistici siano inerenti alla natura umana e continuino a esercitare un'influenza, James afferma che non devono dominare le nostre vite; piuttosto, i desideri di Dio dovrebbero avere la precedenza.

Nella società contemporanea l'esaltazione dell'autogratificazione è diffusa, anche tra i cristiani. L'insegnamento di Giacomo esorta i credenti a dare priorità ai desideri di Dio rispetto alle attività egoistiche, riconoscendo che tale allineamento interno promuove la pace e l'armonia all'interno della comunità cristiana.

4:2 Tu desideri e non hai, perciò uccidi. Desideri e non puoi ottenere, quindi combatti e litighi. Non hai perché non chiedi.

James evidenzia le gravi conseguenze del desiderio incontrollato, sottolineando che la manifestazione ultima della lussuria sfrenata può portare all'"omicidio" metaforico. Questo concetto può essere visto nel corso della storia, dall'atto di Caino di uccidere Abele (Genesi 4) ai peccati di Davide (2 Samuele 11) e Achab (1 Re 21), e continua ad essere rilevante oggi. Sebbene James probabilmente non stesse accusando i suoi lettori di omicidio letterale, usa questo esempio estremo per evidenziare gli esiti distruttivi del vivere esclusivamente per soddisfare desideri egoistici.

Nel contesto del linguaggio vigoroso di James, come "guerre" e "battaglie", ha senso interpretare "tu uccidi" (phoneuete) come un'iperbole per un odio intenso. Questa interpretazione è in linea con insegnamenti simili contenuti in Matteo 5:21-22 e 1 Giovanni 3:15, che equiparano l'odio all'omicidio. Pertanto, James suggerisce che i desideri insoddisfatti spesso portano a conflitti e controversie individuali.

La cupidigia e l'invidia, come descritte nel testo di Giacomo, spesso provocano conflitti e discordie. Quando i desideri rimangono insoddisfatti, gli individui spesso ricorrono a discussioni e litigi. Questo ciclo illustra come bramare ciò che hanno gli altri o invidiare le loro posizioni genera malcontento e conflitto relazionale.

Giacomo propone una soluzione: chiedere a Dio ciò che è necessario invece di sforzarsi egoisticamente. Sottolinea l'importanza della preghiera per ottenere soddisfazione e benedizioni da Dio. Questo insegnamento è in linea con altri passaggi biblici (ad esempio Luca 11:5-13) che incoraggiano i credenti a cercare il provvedimento di Dio attraverso la preghiera.

Giacomo descrive Dio come la fonte ultima di tutte le cose buone, invitando i credenti ad avvicinarsi a Lui in preghiera per i loro bisogni. Trascurare di farlo, suggerisce James, è come ignorare un tesoro prezioso una volta che è stato rivelato. Pertanto, esorta i suoi lettori a cercare attivamente la guida e il provvedimento di Dio attraverso la preghiera, riconoscendo che il vero appagamento deriva dall'allineare i propri desideri con la volontà di Dio.

4:3 Chiedete e non ricevete, perché chiedete in modo sbagliato, per spenderlo nelle vostre passioni.

Di solito preghiamo Dio con richieste che si allineano più ai nostri desideri egoistici che alla Sua volontà. James sottolinea l'importanza di esaminare le nostre motivazioni quando preghiamo, mettendo in guardia dal chiedere cose semplicemente per soddisfare ambizioni o piaceri personali che potrebbero non essere in linea con gli scopi di Dio per noi. Giacomo incoraggia invece i credenti a ricercare in Dio un desiderio più grande per ciò che Egli promette e comanda, allineando così i nostri cuori alla Sua volontà (cfr Matteo 7,7-11).

Secondo James, la preghiera non dovrebbe essere ridotta a una semplice formula o rituale in cui dire le parole giuste o raccogliere abbastanza fede garantisce il risultato desiderato. Un simile approccio ridurrebbe la preghiera a una forma di manipolazione o a un mezzo per imporre la nostra volontà a Dio, il che contraddice l'enfasi del Nuovo Testamento sulla preghiera come relazione radicata nella fiducia. La preghiera autentica nasce da una profonda fiducia in Dio come nostro Padre, la cui volontà sovrana supera i nostri desideri.

Nel contesto del ministero cristiano, gli insegnamenti di Giacomo sulla preghiera sfidano anche i credenti, in particolare i ministri, a dare priorità alla volontà di Dio rispetto alle preferenze personali o alle aspettative degli altri. Critica gli scenari in cui le attività del ministero potrebbero essere giustificate come "perseguire le giuste priorità". Tuttavia, potrebbe derivare dall'autogratificazione piuttosto che dal vero servizio a Dio e al Suo popolo. Sia che si dedichi alla cura attiva dei malati, all'evangelizzazione intensiva o si concentri esclusivamente sulla preparazione dei sermoni, la chiave sta nel discernere e allinearsi con la guida di Dio piuttosto che nel soddisfare passioni o ambizioni personali.

In definitiva, Giacomo invita i credenti ad avvicinarsi alla preghiera con un sincero desiderio di ricercare la volontà di Dio, riconoscendo che il vero appagamento e l'efficacia nel ministero derivano dall'allineare i nostri desideri con i Suoi propositi divini.

4:4 **Popolo adultero! Non sai che l'amicizia con il mondo è inimicizia con Dio? Perciò chi vuole essere amico del mondo si rende nemico di Dio.**

La questione centrale di James è scegliere tra amare "Dio" o amare "il mondo". Il concetto di "mondo", nella sua forma più semplice, si riferisce all'ambiente naturale in cui ogni persona entra alla nascita e lascia alla morte. Comprende gli aspetti visibili e temporali della vita che i nostri sensi percepiscono, in contrasto con le realtà invisibili ed eterne (cfr 1 Giovanni 2,15-17).

"Il mondo", come lo descrive Giacomo, promuove l'amor proprio e dà priorità ai piaceri personali (Giacomo 4:3) rispetto ai desideri di Dio. Allineandosi con questa mentalità mondana, gli individui agiscono in modo infedele verso Dio, come se fossero spose spirituali infedeli al Signore. Tale allineamento con i valori mondani ci posiziona come nemici di Dio, poiché implica una scelta deliberata di seguire i desideri mondani piuttosto che la volontà di Dio (Matteo 6:24). James chiarisce che mantenere una relazione amichevole con Dio abbracciando la filosofia del mondo è impossibile.

Al contrario, Dio invita i credenti a includerLo in ogni aspetto della vita perché Egli è intrinsecamente intrecciato con tutta l'esistenza . Senza di Lui, nulla può essere veramente realizzato (Giovanni 15:5). Pertanto, Giacomo sottolinea che coloro che perseguono il successo mondano come obiettivo primario non possono mantenere contemporaneamente un'amicizia con Dio. Perseguire obiettivi mondani spesso allontana gli individui dalla volontà e dalla presenza di Dio, favorendo una disconnessione spirituale e ostacolando un'autentica intimità con Lui.

James incoraggia i credenti a dare consapevolmente la priorità all'amore e all'obbedienza a Dio sopra ogni altra cosa o a soccombere ai desideri e ai valori mondani. Questa scelta modella fondamentalmente il proprio viaggio spirituale e la propria relazione con Dio, determinando se si cammina in linea con il Suo scopo divino o ci si allontana ulteriormente nell'estraniamento spirituale.

4:5 **Oppure credi che sia inutile che la Scrittura dica: "Egli brama gelosamente lo spirito che ha fatto abitare in noi"?**

Nel discorso di Giacomo, egli sostiene la sua affermazione del versetto 4 sulle conseguenze spirituali dell'amore per il mondo alludendo agli insegnamenti scritturali sulla gelosia di Dio. Invece di citare direttamente un versetto specifico, Giacomo riassume il tema scritturale più ampio che si trova in passaggi come Esodo 20:5; 34:14, Salmi 42:1; 84:2 e Zaccaria 8:2, sottolineando la gelosia di Dio per la devozione del Suo popolo.

La traduzione di Giacomo 4:5 è sfumata ma generalmente intesa per trasmettere l'idea che "Dio desidera gelosamente lo spirito che ha fatto vivere in noi". Questo potrebbe anche essere parafrasato come "Lo Spirito che Egli ha fatto abitare in noi brama gelosamente l'intera devozione del cuore". Questa interpretazione si allinea bene con il contesto precedente, dove Giacomo accusa coloro che amano il mondo di commettere adulterio spirituale contro Dio (versetto 4), in contrasto con lo Spirito di Dio che desidera appassionatamente un impegno sincero da parte del Suo popolo.

La frase greca pros phthonon , tradotta "gelosamente", trasmette invidia e zelo nel custodire qualcosa di prezioso. Il verbo epipotei enfatizza ulteriormente un intenso desiderio o desiderio. Insieme, queste espressioni descrivono vividamente lo Spirito di Dio mentre desidera con fervore la lealtà indivisa e l'affetto dei credenti, simile alle immagini che si trovano in altri passaggi del Nuovo Testamento come Romani 8:11, 1 Corinzi 3:16, Galati 4:6, Efesini 4:30. e Giovanni 7:39; 16:7.

In questo versetto alcune interpretazioni suggeriscono erroneamente che il nostro spirito umano sia oggetto di gelosia e desiderio. Tuttavia, contestualmente e grammaticalmente, è chiaro che Giacomo si riferisce allo Spirito di Dio.

Giacomo utilizza riferimenti dell'Antico Testamento sulla gelosia di Dio per evidenziare la gravità dell'infedeltà spirituale. I credenti che danno priorità ai desideri mondani rispetto alla volontà di Dio rischiano di alienarsi da Lui, poiché Dio, attraverso il Suo Spirito, desidera appassionatamente e merita la loro completa devozione. Pertanto, Giacomo sfida i suoi lettori ad allineare i loro affetti con i desideri di Dio, riconoscendo che l'amicizia con il mondo costituisce inimicizia verso Dio e infedeltà spirituale.

4:6 Ma dà più grazia. Pertanto, si dice: "Dio si oppone ai superbi ma dà grazia agli umili".

Dio stabilisce uno standard elevato di amore sincero e devozione per il Suo popolo, aspettandosi che diano priorità ai Suoi desideri rispetto ai propri. Questo standard si riflette in varie scritture, tra cui Proverbi 3:34, a cui allude Giacomo nella sua lettera. Il versetto mette a confronto la risposta di Dio ai superbi, ai quali Egli si oppone, con il Suo favore verso gli umili, ai quali Egli concede la grazia.

Per coloro che perseguono piaceri egoistici e danno priorità ai desideri mondani, caratterizzati da orgoglio e autosufficienza, Dio si oppone alle loro azioni e atteggiamenti. Questa opposizione indica la Sua disapprovazione e resistenza verso coloro che non sono allineati con la Sua volontà e i Suoi principi.

Al contrario, Dio estende la grazia abbondantemente agli umili. In questo contesto, l'umiltà implica riconoscere la dipendenza da Dio e dare priorità ai Suoi desideri rispetto alle ambizioni e ai piaceri personali. La grazia di Dio dà agli umili il potere di resistere alle sfide poste dalle tentazioni interne (la carne) e dalle pressioni esterne del mondo.

Questa grazia non è semplicemente passiva ma attiva e fornisce assistenza , forza e risorse spirituali per affrontare le sfide della vita in un modo che onora Dio. Permette ai credenti di resistere al fascino dei desideri egoistici e di vivere secondo i propositi di Dio. Pertanto, mentre Dio mantiene il Suo standard di devozione sincera, fornisce anche i mezzi, attraverso la Sua grazia, affinché il Suo popolo possa soddisfarlo, consentendo loro di vivere in allineamento con la Sua volontà e di sperimentare il Suo potere di trasformazione nella loro vita.

4:7 Sottomettetevi dunque a Dio. Resistete al diavolo ed egli fuggirà da voi.

Giacomo impartisce dieci comandi decisivi nei versetti da 7 a 10, usando imperativi aoristi greci che assomigliano agli ordini militari. Questi imperativi evidenziano la seria posizione di Giacomo contro la doppiezza mentale dei credenti.

In primo luogo, Giacomo istruisce i credenti a "sottomettersi" a Dio con umiltà. Questa sottomissione va oltre la semplice obbedienza; implica allineare le nostre priorità a quelle di Dio, arrendere la nostra volontà alla Sua e impegnarci a soddisfare i Suoi desideri piuttosto che perseguire ambizioni egoistiche.

In secondo luogo, Giacomo esorta i credenti a "resistere" vigorosamente a Satana. Attingendo agli insegnamenti di 1 Pietro 5:9, resistere a Satana implica opporsi fermamente alle sue tentazioni e ai suoi progetti. Le tattiche principali di Satana includono l'induzione del dubbio, della negazione, del disprezzo e della disobbedienza verso la Parola di Dio, come evidenziato nelle sue interazioni con figure come Eva e Gesù (cfr. Genesi 3; Matteo 4). I credenti possono resistere all'influenza del diavolo rifiutando fermamente queste tentazioni.

Riflettendo sulla guerra spirituale, Martin Lutero sconsigliò saggiamente di discutere con il Diavolo, notando la sua vasta esperienza e astuzia. L'intuizione di Lutero evidenzia l'importanza di non sottovalutare le tattiche di Satana, ma di fare affidamento invece sulla forza e sulla saggezza di Dio per resistere ai suoi piani.

I comandi di Giacomo sottolineano la necessità per i credenti di intraprendere un'azione decisiva nella loro vita spirituale: sottomettersi pienamente alla volontà di Dio con umiltà e resistere fermamente ai tentativi di Satana di portarli fuori strada. Questa posizione attiva garantisce che i credenti mantengano una relazione fedele e allineata con Dio, potenziati dalla Sua grazia per affrontare le sfide e i conflitti che sorgono nel loro viaggio spirituale.

4:8 Avvicinatevi a Dio, ed egli si avvicinerà a voi. Pulite le vostre mani, peccatori, e purificate i vostri cuori, doppi d'animo.

Giacomo sottolinea non solo l'importanza di resistere a Satana ma anche di avvicinarsi a Dio. Questa duplice azione è essenziale per i credenti che cercano di approfondire la loro relazione con Dio e mantenere la purezza spirituale.

Avvicinarsi a Dio implica un approccio deliberato nei suoi confronti. Giacomo usa l'immagine dell'"avvicinarsi" per indicare una relazione stretta e intima con Dio. Giacomo ci assicura che Dio ricambia avvicinandosi a noi quando ci avviciniamo a Dio in questo modo. Questa vicinanza con Dio rispecchia il rapporto che avevano i sacerdoti in Israele quando si avvicinavano a Dio nel Tabernacolo o nel tempio, sottolineando il bisogno di purezza e santità.

Per avvicinarsi a Dio in modo efficace, i credenti devono sottoporsi a un processo di purificazione. Questo processo comprende sia azioni esterne ("purificatevi le mani") che atteggiamenti interni ("purificate i vostri cuori"). "Pulirci le mani" simboleggia il pentimento e l'allontanamento dai comportamenti peccaminosi, mentre "purificare i nostri cuori" implica confessare e affrontare le motivazioni e i desideri interiori che possono essere divisi o impuri.

Giacomo sottolinea l'importanza della confessione e del pentimento come elementi chiave di questo processo di purificazione, facendo eco ai principi contenuti in 1 Giovanni 1:9. Confessando i nostri peccati e pentendoci, rimuoviamo le barriere che ostacolano il nostro rapporto con Dio e purifichiamo i nostri cuori da ogni doppiezza o lealtà divisa.

In definitiva, Giacomo invita i credenti ad abbracciare la risolutezza, un focus unico sul vivere solo per la gloria di Dio, piuttosto che essere combattuti tra il perseguimento della volontà di Dio e la soddisfazione dei desideri egoistici. Questa unicità di scopo allinea i nostri cuori e le nostre azioni con i desideri di Dio, favorendo un rapporto più stretto e intimo con Lui mentre ci avviciniamo con purezza e devozione.

4:9 Siate miserabili, lamentatevi e piangete. Lascia che il tuo riso si trasformi in lutto e la tua gioia in tristezza.

L'esortazione di James ai suoi lettori, che erano scesi a compromessi con il mondo e avevano una mentalità doppia, era una chiamata a riconciliare il loro rapporto con Dio. Li ha esortati ad abbandonare le loro lealtà divise e a dare priorità alla volontà di Dio rispetto ai desideri egoistici .

È importante notare che Giacomo non stava sostenendo uno stato perpetuo di miseria o di costante dolore tra i cristiani. Piuttosto, fece notare che il vero pentimento spesso comporta un cambiamento visibile nel comportamento e nell'atteggiamento esteriore. Le espressioni di "lutto", "pianto" ed essere "triste" sono il simbolo di un vero pentimento, poiché riflettono un profondo dolore per i peccati passati e un sincero allontanamento da uno stile di vita precedente segnato dal compromesso e dal peccato.

In Matteo 5:3-4, Gesù parla similmente di coloro che sono "poveri in spirito" e "piangono", indicando un'umiltà spirituale e un sincero dolore per il peccato. Questi atteggiamenti non riguardano il dolore perpetuo, ma un sincero riconoscimento della propria povertà spirituale e un profondo desiderio per la giustizia di Dio.

L'enfasi di James sull'abbandono delle risate e della gioia nel perseguire desideri egoistici non significa rifiutare ogni gioia o felicità nella vita. Piuttosto, evidenzia la necessità di dare priorità all'integrità spirituale e all'allineamento con la volontà di Dio rispetto ai fugaci piaceri mondani. La vera gioia e la realizzazione derivano dal vivere in armonia con Dio e con i Suoi propositi, non dall'indulgere in attività egoistiche che allontanano da Lui.

Pertanto, la chiamata di Giacomo al pentimento e alla devozione risoluta a Dio incoraggia i credenti a trovare gioia e pace durature in una relazione rinnovata con Lui, caratterizzata da una genuina ricerca della giustizia e da un cuore e una mente trasformati.

4:10 Umiliatevi davanti al Signore, ed egli vi esalterà.

Giacomo conclude il suo consiglio diretto nei versetti 7-10 ribadendo il tema centrale dell'umiltà davanti a Dio. Esorta i suoi lettori a umiliarsi alla presenza di Dio dando priorità alla Sua volontà rispetto ai loro desideri. Questo atto di umiltà porta benedizioni immediate e pone le basi per l'opera continua di Dio e la finale esaltazione.

Il principio secondo cui Dio eleva gli umili è un tema ricorrente in tutta la Scrittura. Gesù stesso insegnò che coloro che si umiliano saranno esaltati (Matteo 18:4; 23:12; Luca 14:11; 18:14), e Pietro fece eco a questo insegnamento nella sua lettera (1 Pietro 5:6). L'umiltà, in questo contesto, implica riconoscere la propria dipendenza da Dio, sottomettersi alla Sua autorità e allineare la propria vita ai Suoi scopi.

Il viaggio di Ralph Bell illustra il potere di trasformazione dell'umiltà e la grazia di Dio. Di fronte alla discriminazione e agli insulti razziali, Bell ha lottato profondamente. Tuttavia, si rivolse alla sua fede e cercò consiglio da sua madre, che lo incoraggiò a fissare gli occhi su Gesù. Umiliandosi davanti a Dio, Bell trovò la forza e la grazia per perdonare coloro che lo maltrattavano e per superare i sentimenti di odio.

L'esperienza di Bell esemplifica l'insegnamento di James in termini pratici. Bell trovò la pace interiore e la guarigione umiliandosi e confidando nella grazia di Dio. Acquisì anche la capacità di amare i suoi nemici: un atto soprannaturale reso possibile dall'opera di trasformazione di Dio nel suo cuore.

La chiamata di Giacomo all'umiltà consiste nel confidare nella saggezza e nella sovranità di Dio, sapendo che Egli ricompensa coloro che Lo cercano con un cuore sincero e umile. Attraverso l'umiltà, i credenti trovano la forza, la grazia e la capacità di vivere l'amore e i propositi di Dio in un mondo distrutto.

4:11 Non parlate male gli uni degli altri, fratelli. Chi parla contro un fratello o giudica il fratello parla male contro la legge e giudica la legge. Ma se giudichi la legge, non sei un esecutore della legge, ma un giudice.

James affronta un altro aspetto critico del conflitto interpersonale e del comportamento etico tra i credenti e tutte le persone. Sottolinea il pericolo di criticare gli altri, evidenziando come tale comportamento non solo riflette l'egoismo ma pone anche il critico in una posizione di giudizio sugli altri, contrariamente alla legge di Dio.

In Giacomo 4:11, il termine "parlare male" o "parlare contro" (gr. katalaleo) si riferisce al parlare in modo denigratorio o diffamatorio verso un'altra persona, specialmente verso un altro cristiano. Criticando, una persona afferma implicitamente la propria superiorità o correttezza rispetto a chi critica, assumendo di fatto il ruolo di giudice. Questo atto contraddice il comandamento di Dio di non giudicare gli altri (cfr Levitico 19,15-18; Matteo 7,1).

James collega questo comportamento a un principio etico più ampio fondato sulla legge di Dio. Quando gli individui criticano gli altri, violano i principi del rispetto reciproco e dell'umiltà e minano l'autorità di Dio, che solo ha il diritto di giudicare. Invece di esaltare se stessi, Giacomo sostiene la sottomissione e il rispetto reciproci tra i credenti (ad esempio, Galati 5:13; Efesini 5:21; Filippesi 2:3), che promuove l'unità e riflette l'umiltà di Cristo.

Le implicazioni dell'insegnamento di Giacomo si estendono oltre le relazioni interpersonali all'interno della comunità ecclesiale ("gli uni con gli altri") per comprendere tutte le interazioni umane ("il tuo prossimo", v. 12). Il suo ammonimento evidenzia l'importanza di rispettare l'autorità di Dio nella nostra condotta verso gli altri, preservando così l'armonia e sostenendo i principi di giustizia radicati nella legge di Dio.

Nella società contemporanea, dove prevalgono atteggiamenti critici e di giudizio, il messaggio di James rimane attuale. Invita gli individui a esaminare le proprie motivazioni e azioni, esortandoli ad allinearsi agli standard di Dio di amore, umiltà e rispetto per gli altri, che in ultima analisi riflettono il rispetto per l'autorità di Dio e promuovono sane relazioni sociali.

4:12 C'è un solo legislatore e giudice che può salvare e distruggere. Ma chi sei tu per giudicare il tuo prossimo?

Giacomo sottolinea l'importanza di astenersi dal giudicare criticamente gli altri, sottolineando che l'autorità ultima di giudizio appartiene esclusivamente a Dio, unico Legislatore e Giudice. Sebbene i governi umani, i leader della chiesa e i genitori possano aver delegato l'autorità per giudicare determinate azioni o comportamenti all'interno dei loro rispettivi domini, Giacomo mette in guardia contro l'usurpazione dell'autorità divina emettendo giudizi di condanna sugli altri.

In Giacomo 4:11-12 sottolinea che criticare o parlare contro i compagni di fede senza l'autorizzazione divina è inappropriato e controproducente. James sostiene l'umiltà e il rispetto reciproco piuttosto che assumere il ruolo di giudice rispetto agli altri. I cristiani, guidati dallo Spirito, dovrebbero cercare di restaurare e sostenere coloro che inciampano, seguendo il principio dell'amore e della riconciliazione (Galati 6:1).

La critica degli altri è un'inclinazione umana comune. Tuttavia, Giacomo ricorda ai credenti la loro responsabilità nei confronti di Dio, che solo ha il diritto ultimo di giudicare. Questa prospettiva è in linea con gli insegnamenti contenuti altrove nella Scrittura (Romani 14:1-13), sottolineando la responsabilità reciproca e l'umiltà davanti a Dio. Il riferimento a Dio come giudice ultimo nell'insegnamento di Giacomo ci ricorda che le nostre azioni verso gli altri dovrebbero riflettere il rispetto per la loro dignità e il nostro bisogno di grazia.

Il messaggio ammonitore di Giacomo non preclude critiche o correzioni costruttive in uno spirito di amore e restaurazione. Piuttosto, mette in guardia contro l'arroganza di dare un giudizio finale sugli altri, che appartiene esclusivamente a Dio. In definitiva, il principio non è condannare ma cercare la riconciliazione e la crescita all'interno della comunità dei credenti, riconoscendo che siamo tutti sullo stesso piano davanti al tribunale di Dio (Matteo 7:2). Pertanto, Giacomo incoraggia uno spirito di umiltà e grazia nelle nostre interazioni, riflettendo l'amore e la misericordia del nostro Padre celeste.

Vantarsi del domani

James continua la sua epistola affrontando un problema pratico radicato nell'egocentrismo e ampliandone le implicazioni per la vita quotidiana. Avendo già identificato l'egocentrismo come fonte di conflitti interpersonali e interiori e messo in guardia contro il giudizio inappropriato degli altri, James ora illustra la natura di una vita egocentrica. Intende aiutare i suoi lettori a riconoscere chiaramente la radice di fondo di questo problema.

In Giacomo 4:13-17, inizia con un esempio di pianificazione e ambizione vanagloriosa, condannando l'arroganza inerente a tali affermazioni sicure di sé (v. 13-14). Giacomo poi fornisce una guida pratica su come affrontare la pianificazione e l'ambizione in un modo che sia in linea con la volontà di Dio (vv. 15-17).

Questa sezione dell'epistola di Giacomo serve non solo ad affrontare comportamenti specifici come vantarsi dei piani futuri , ma anche a evidenziare un principio più ampio: vivere con consapevolezza della sovranità di Dio e sottomettere i propri piani alla Sua guida. Giacomo incoraggia l'umiltà e la dipendenza da Dio in tutti gli aspetti della vita, sottolineando la follia di fare affidamento sul futuro senza considerare la volontà di Dio.

Pertanto, James passa dall'affrontare i conflitti derivanti da atteggiamenti egocentrici al fornire saggezza pratica su come affrontare le incertezze della vita con un umile riconoscimento dell'autorità e della guida di Dio. Questo cambiamento evidenzia la preoccupazione pastorale di James di dotare i suoi lettori di saggezza pratica radicata nella fede e nell'umiltà, indirizzando in definitiva la loro attenzione verso una vita che onora Dio piuttosto che sé stessi.

4:13 Orsù, tu che dici: "Oggi o domani andremo in questa o quella città, lì passeremo un anno, commerceremo e ne trarremo profitto".

Giacomo, simile ai profeti dell'Antico Testamento, adotta un tono conflittuale mentre si rivolge al suo pubblico. Egli inizia convocandoli con la frase «Venite adesso», un espediente retorico che ricorda i richiami all'attenzione dei profeti (cfr Is 1,18 e altri testi profetici). In Giacomo 4:13-17, dipinge un quadro vivido, probabilmente attingendo al contesto culturale del suo tempo, per illustrare uno scenario che coinvolge un mercante ebreo in viaggio, una figura emblematica della prosperità della classe media nell'antica società ebraica.

Durante l'era di James, i mercanti ebrei erano prevalenti, ed è plausibile che alcuni tra il suo pubblico fossero ebrei cristiani impegnati in tali attività commerciali. I piani dell'individuo nell'illustrazione di James, che coinvolgono iniziative imprenditoriali e viaggi futuri, non sono intrinsecamente peccaminosi o condannati apertamente da James. James critica invece l'atteggiamento di fondo di sicurezza di sé e presunzione che spesso accompagna tale pianificazione.

La critica di James non attacca l'atto stesso della pianificazione. Tuttavia, mette in discussione le motivazioni e la mentalità di fondo che possono accompagnare tali sforzi lungimiranti. La vanagloriosa fiducia del mercante nel futuro successo commerciale e la sua presunzione sulla certezza di realizzare i suoi progetti senza riconoscere la sovranità di Dio sono i punti focali dell'ammonimento di Giacomo.

Giacomo usa questa illustrazione non per denunciare la pianificazione aziendale o l'ambizione, ma per mettere in guardia contro l'arroganza dell'autosufficienza e la negligenza del ruolo provvidenziale di Dio nella propria vita. Intende incoraggiare l'umiltà e riconoscere adeguatamente la sovranità di Dio in tutti gli aspetti della vita, compresi i progetti e le ambizioni future . Pertanto, Giacomo utilizza questa narrazione per evidenziare la necessità di un approccio equilibrato che includa la fiducia nella guida di Dio e la sottomissione alla Sua volontà in tutti gli sforzi.

4:14 eppure non sai cosa porterà il domani. Qual è la tua vita? Perché tu sei una nebbia che appare brevemente e poi svanisce.

James evidenzia una svista critica nell'approccio del commerciante: la sua incapacità di considerare l'imprevedibilità della vita e la sua completa dipendenza dalla provvidenza di Dio. Questo tema risuona con gli insegnamenti di Gesù, come in Luca 12:18-20, dove i piani di un uomo ricco vengono ostacolati dalla sua morte improvvisa e dall'abbandono delle priorità eterne. Allo stesso modo, Giovanni 15:5 sottolinea la necessità dei credenti di dimorare in Cristo, riconoscendo la loro dipendenza da Lui per tutti gli aspetti della vita.

Riflettere sulla certezza del ritorno di Cristo, come insegnato in tutta la Scrittura, fornisce un significativo cambiamento di prospettiva. L'anticipazione della seconda venuta di Cristo dovrebbe influenzare profondamente il modo in cui i cristiani vivono nel presente. Serve come promemoria per dare priorità ai valori eterni rispetto ai risultati temporanei e per allineare i propri piani e le proprie ambizioni alla volontà di Dio.

La domanda posta – quanto la conoscenza del ritorno imminente di Cristo modella la nostra vita – è cruciale. Sfida i credenti a trascendere la prospettiva limitata delle circostanze attuali e delle esperienze passate. I cristiani, invece, sono chiamati a lasciarsi motivare dalla certezza del ritorno di Cristo, promuovendo uno stile di vita caratterizzato da fedeltà, preparazione e fiducia profonda nel piano sovrano di Dio.

L'illustrazione del mercante fatta da Giacomo evidenzia la necessità di una visione spirituale che incorpori l'umiltà, la dipendenza da Dio e una prospettiva lungimirante plasmata dalla verità dell'imminente ritorno di Cristo. Questa prospettiva protegge dalla fiducia in se stessi e dall'arroganza e promuove una vita che onora Dio in tutti gli aspetti, compresi i propri progetti e aspirazioni.

4:15 Dovresti invece dire: "Se il Signore vuole, vivremo e faremo questo o quello".

Il commerciante nell'illustrazione di Giacomo avrebbe dovuto affrontare la sua pianificazione con una dipendenza consapevole da Dio, riconoscendo il Suo controllo sovrano su tutti gli aspetti della vita. Questo principio riecheggia in tutto il Nuovo Testamento, dove vari passaggi evidenziano l'importanza di allineare i propri piani alla volontà di Dio.

La frase latina "deo volente", che significa "se Dio vuole" e spesso abbreviata in DV, riflette questo principio biblico e continua ad essere usata oggi da alcuni cristiani. Serve a ricordare la necessità di sottomettere tutti i piani futuri alla sovranità di Dio. Sebbene il Nuovo Testamento non imponga la ripetizione meccanica del "se il Signore vuole" in ogni dichiarazione di piani futuri , l'apostolo Paolo esemplifica lo spirito dietro questa frase nella sua vita e nel suo ministero.

Ad esempio, Paolo dichiara esplicitamente la sua intenzione di tornare a Gerusalemme "se il Signore vuole" in Atti 18:21 e 1 Corinzi 4:19. In questi casi, riconosce deliberatamente la sovranità di Dio sui suoi sforzi futuri. Anche nei passaggi in cui Paolo non usa esplicitamente questa frase, come Atti 19:21, Romani 15:28 o 1 Corinzi 16:5, 8, la sua pratica complessiva rivela un impegno coerente ad allineare i suoi piani con la volontà di Dio.

Pertanto, "deo volente" non serve semplicemente come convenzione linguistica ma come disciplina spirituale, ricordando ai credenti di avvicinarsi umilmente ai progetti della vita, cercando la guida di Dio e sottomettendosi al Suo proposito sovrano. Questa mentalità garantisce che le nostre aspirazioni e azioni siano fondate su una fiducia piena di fede nella saggezza e nella provvidenza di Dio piuttosto che sulla presunzione umana o sulla fiducia in se stessi.

4:16 Così ti vanti della tua arroganza. Tutto questo vanto è cattivo.

James rimproverò severamente quelli tra i suoi lettori che abbracciavano un atteggiamento di negligenza verso Dio, in particolare quelli che traevano gioia dall'illusione di controllare il proprio destino. Ha dipinto un quadro vivido di individui che si vantano della loro arroganza, prendendosi il merito di risultati che in ultima analisi derivano dalla provvidenza e dalla grazia di Dio. Tale vanteria, sosteneva James, non solo è irrealistica ma anche profondamente problematica: riflette un atteggiamento che pone la realizzazione umana al di sopra della sovranità di Dio, classificandola così come "malvagia".

In questi versetti, Giacomo presenta abilmente quattro argomenti convincenti per illustrare la follia di ignorare la volontà di Dio:

Complessità della vita : Giacomo mette in risalto la natura intricata e interconnessa della vita (v. 13). Le complessità dell'esistenza umana, intrecciate con gli scopi e gli interventi divini, sfidano le nozioni semplicistiche di autosufficienza.

Incertezza della vita : Sottolinea l'imprevedibilità degli esiti della vita (v. 14a). Nonostante una pianificazione meticolosa e un controllo apparente, le circostanze possono cambiare rapidamente, rivelando i limiti della previsione e del controllo umani.

La brevità della vita : Giacomo sottolinea la natura fugace dell'esistenza umana (v. 14b). La brevità della vita è un forte promemoria della nostra natura temporale e della necessità di una prospettiva che riconosca i piani e gli scopi eterni di Dio.

Fragilità dell'uomo : Infine, Giacomo sottolinea la fragilità intrinseca dell'umanità (v. 16). Gli esseri umani sono soggetti a debolezze, vulnerabilità e mortalità, sottolineando la nostra continua dipendenza dal sostegno della grazia e della provvidenza di Dio.

Attraverso questi argomenti, James ha sfidato i suoi lettori ad affrontare l'illusione dell'autosufficienza e a riconoscere la saggezza nel riconoscere umilmente il ruolo sovrano di Dio nelle loro vite. Esaltando le conquiste umane al di sopra della divina provvidenza, Giacomo affermò che gli individui non solo ingannano se stessi, ma disonorano anche il giusto posto di Dio come fonte ultima di tutte le benedizioni e di tutti i risultati. Pertanto, ha esortato il suo pubblico ad abbracciare l'umiltà e la dipendenza da Dio, riconoscendo la Sua supremazia e ricercando la Sua volontà in tutti gli aspetti della vita.

4:17 Perciò chiunque sa fare la cosa giusta e non la fa commette peccato.

Giacomo descrive vividamente uno scenario in cui una persona commette un "peccato" di omissione sapendo la cosa giusta da fare – riconoscere la dipendenza dal Signore – ma non agendo di conseguenza (cfr Luca 16:19-31). Questo peccato di omissione, secondo Giacomo, non consiste semplicemente nel trascurare qualsiasi azione, ma nello specifico nel non riconoscere e onorare il posto sovrano di Dio nella propria vita (v. 15). La persona raffigurata nell'illustrazione di Giacomo mostra indipendenza e autosufficienza, ignorando la verità intrinseca secondo cui Dio è supremo su tutte le cose, una verità che attesta anche l'ordine naturale della creazione (cfr Giovanni 9:41; Rom. 1:19 -20).

Nel concludere la sua discussione sui conflitti e sull'atteggiamento spirituale necessario per affrontarli, James esorta i suoi lettori a tradurre la loro conoscenza in azione. Mette in guardia contro la presunzione e la fiducia in se stessi, sollecitando invece un'umile sottomissione a Dio. Il mancato riconoscimento della sovranità di Dio e l'incapacità di agire secondo questa verità costituisce peccato dal punto di vista di Giacomo.

L'affermazione conclusiva di Giacomo nel versetto 17, spesso formulata come una massima proverbiale, racchiude l'essenza della sua intera epistola. Sottolinea che la responsabilità di allinearsi alla volontà di Dio non consiste solo nell'evitare errori evidenti, ma anche nel fare attivamente ciò che è giusto. Questo versetto serve a ricordare in modo toccante che i peccati di omissione, in cui una persona non riesce a vivere la propria fede e a riconoscere la signoria di Dio, sono altrettanto significativi e gravi quanto i peccati di commissione.

Giacomo obbliga i suoi lettori a vivere con un'acuta consapevolezza dell'autorità di Dio e a dimostrare questa comprensione attraverso l'azione obbediente. Pertanto, l'ammonimento contenuto nel versetto 17 risuona come un principio universale applicabile a tutti gli aspetti della vita cristiana, come esposto in tutta la sua epistola.

Capitolo 4 Riepilogo

Il capitolo 4 del Libro di Giacomo affronta i temi e le sfide chiave dei primi cristiani, fornendo una guida pratica su come vivere fedelmente alla luce della sovranità di Dio e delle realtà dei conflitti umani.

Riepilogo di James Capitolo 4:

Cause di conflitto (Versetti 1-3): Giacomo inizia identificando la causa principale dei conflitti e dei litigi tra credenti: i desideri egoistici. Attribuisce questi conflitti a passioni e piaceri incontrollati che portano le persone a desiderare e lottare per ciò che non hanno. Sottolinea che questi desideri spesso rimangono insoddisfatti perché le persone chiedono con motivazioni sbagliate, cercando di gratificare i propri piaceri piuttosto che cercare la volontà di Dio.

Amicizia con il mondo (Versetti 4-6): Giacomo mette in guardia contro l'amicizia con il mondo, che definisce come inimicizia con Dio. Sottolinea la serietà di allinearsi ai valori e ai desideri mondani, il che contraddice la devozione e la lealtà che Dio si aspetta dai Suoi seguaci. Giacomo cita la Scrittura per enfatizzare la gelosia di Dio per lo spirito che ha posto nei credenti, esortandoli a resistere al fascino dei piaceri mondani e ad avvicinarsi invece a Dio con umiltà e pentimento.

Umiltà e sottomissione (Versetti 7-10): Giacomo esorta i suoi lettori a sottomettersi a Dio e resistere al diavolo. Usa imperativi forti, paragonando la vita cristiana a una battaglia spirituale in cui i credenti devono opporsi attivamente al male e avvicinarsi a Dio. Giacomo promette che coloro che si umiliano davanti a Dio riceveranno la Sua grazia ed esaltazione, in contrasto con il destino degli orgogliosi.

Evitare di giudicare gli altri (versetti 11-12): Giacomo mette in guardia dal parlare male o dal giudicarsi a vicenda. Sottolinea che tale comportamento usurpa il ruolo di Dio come giudice e legislatore supremo. Incoraggia invece il rispetto reciproco e la sottomissione tra i credenti, facendo eco agli insegnamenti di Gesù sul non giudicare gli altri con durezza ma sul mostrare misericordia e grazia.

Avvertimento contro la vanteria e la fiducia in se stessi (Versetti 13-17): Giacomo critica coloro che si vantano dei propri progetti e dei propri risultati senza riconoscere la sovranità di Dio sulle proprie vite. Egli illustra la follia di fare affidamento sul futuro senza riconoscere le incertezze della vita e il controllo ultimo di Dio. James chiede una mentalità che includa la dipendenza dalla volontà di Dio, usando la frase latina "deo volente" (se Dio vuole) per evidenziare l'importanza di riconoscere l'autorità di Dio in tutti i piani e le azioni.

Il capitolo si conclude con una toccante affermazione al versetto 17: "Chi dunque sa fare la cosa giusta e non la fa, per lui commette peccato". Ciò racchiude il tema generale della fede pratica di Giacomo: conoscere la volontà di Dio e obbedirle attivamente. Il capitolo funge da richiamo alla genuina umiltà, alla sottomissione a Dio, all'evitamento delle lusinghe mondane e ad una vita fedele che riconosce la sovranità di Dio in tutti gli aspetti della vita.

Il capitolo 4 di Giacomo affronta le sfide spirituali dei conflitti, dell'orgoglio e degli atteggiamenti mondani, esortando i credenti a sottomettersi alla volontà di Dio, resistere alle tentazioni del mondo e trattare gli altri con rispetto e amore. Sottolinea la necessità di una fede che non sia meramente teorica ma che orienti attivamente la condotta e le relazioni.

Capitolo 4 Preghiera

Dio misericordioso,

Veniamo davanti a Te umilmente, riconoscendo la nostra dipendenza dalla Tua saggezza e grazia. La Tua Parola ci ha mostrato i pericoli dei desideri mondani e l'importanza di sottometterci pienamente alla Tua volontà. Perdonaci, Signore, per le volte in cui abbiamo perseguito i nostri piaceri e le nostre ambizioni, trascurando la Tua guida e i Tuoi comandi.

Aiutaci a resistere alle tentazioni di questo mondo che ci portano fuori strada. Rafforza la nostra determinazione ad avvicinarci a Te, sapendo che se ci umilieremo, Tu ci innalzerai col tempo. Che possiamo sempre cercare il Tuo regno e allineare i nostri desideri alla Tua volontà.

Custodisci i nostri cuori, o Signore, dall'orgoglio e dagli atteggiamenti di giudizio. Insegnaci a trattare gli altri con amore e rispetto, evitando pettegolezzi e critiche. Lascia che le nostre parole e azioni riflettano la Tua grazia e misericordia, sapendo che Tu solo sei il giusto Giudice.

Concedici la saggezza per riconoscere la brevità e l'incertezza della vita e l'umiltà per confidare nel Tuo controllo sovrano su tutte le cose. Che possiamo vivere ogni giorno con la consapevolezza della Tua presenza e l'impegno a seguire la Tua guida.

Mentre progettiamo il futuro , possiamo sempre dire: "Se è la tua volontà, vivremo e faremo questo o quello" (Giacomo 4:15). Guidaci nelle nostre decisioni, affinché possano portare gloria al Tuo nome e favorire il Tuo regno sulla terra.

Nel nome di Gesù, preghiamo,

Amen.

Capitolo 4 Domande

Cosa causa conflitti e litigi tra le persone, secondo Giacomo 4?

Come descrive James coloro che sono amici del mondo?

Secondo Giacomo, cosa dà Dio agli umili?

Cosa intende Giacomo con "purificare i vostri cuori"?

Da cosa mette in guardia Giacomo nel versetto 11 riguardo al parlare contro gli altri?

In che modo Giacomo illustra la follia di vantarsi dei piani futuri senza riconoscere la sovranità di Dio?

Cosa dice Giacomo riguardo al peccato di omissione nel capitolo 4?

Come conclude Giacomo il suo argomento sulla sottomissione a Dio?

Quale affermazione proverbiale usa Giacomo per concludere il capitolo 4?

Come descrive Giacomo l'atteggiamento corretto che i cristiani dovrebbero avere nei confronti della volontà di Dio?

Cosa spinge James a fare i suoi lettori invece di giudicarsi a vicenda?

Secondo James, perché vantarsi dei progetti futuri senza riconoscere la sovranità di Dio è considerato un male?

Che ruolo gioca l'umiltà negli insegnamenti di Giacomo nel capitolo 4?

Come descrive James le conseguenze dell'amicizia con il mondo?

Cosa insegna Giacomo riguardo all'importanza di sottomettersi alla volontà di Dio?

Perché Giacomo sottolinea la brevità e l'incertezza della vita?

Come illustra Giacomo la relazione tra l'umiltà e il ricevere la grazia?

Cosa intende Giacomo con "purificare i vostri cuori"?

In che modo Giacomo utilizza i riferimenti dell'Antico Testamento per sostenere i suoi insegnamenti sull'umiltà e sulla sottomissione a Dio?

Quali consigli pratici dà Giacomo per vivere secondo la volontà di Dio nel capitolo 4?

Giacomo Capitolo 5:1-20

Avvertimento ai ricchi

James affronta una questione cruciale riguardante la ricchezza nella sua epistola, sottolineandone i potenziali pericoli e conseguenze e sollecitando un'azione appropriata. Questo tema è intrecciato in tutta la sua lettera, con molteplici riferimenti ai ricchi e ai poveri (1,9-11; 2,1-12). I capitoli 4 e 5 evidenziano la sua preoccupazione, in particolare nei passaggi rivolti ai ricchi (4:13-17; 5:1-6).

Lo stile di scrittura equilibrato di Giacomo è evidente poiché inizia e termina le sue esortazioni (2:1-5:6) con discussioni sulla ricchezza. Questa struttura riflette un modello chiastico, una tecnica letteraria in cui le idee si rispecchiano attorno a un punto centrale. Ronald Blue evidenzia tre aspetti principali riguardanti la ricchezza in questa sezione: costernazione (v. 1), corrosione (vv. 2-3) e condanna (vv. 4-6). Questi elementi evidenziano collettivamente l'approccio cautelativo di James nei confronti dell'influenza e dei pericoli associati alla ricchezza materiale.

5:1 **Orsù, o ricco, piangi e urla per le miserie che ti piombano addosso.**

Giacomo, come un profeta, rivolge ai suoi lettori un duro ammonimento ("Vieni ora"; cfr 4,13). Sebbene la ricchezza in genere porti felicità, James sfida i ricchi a "piangere e urlare" invece di essere in difficoltà, descrivendo dettagliatamente le ragioni in questo capitolo. È importante sottolineare che la Bibbia non condanna la ricchezza (cfr. 1 Tim. 6:10) ma avverte costantemente delle tentazioni che accompagnano l'abbondanza finanziaria. Queste tentazioni includono un falso senso di sicurezza, il desiderio di controllo sugli altri e l'orgoglio personale. Giacomo mette in guardia dall'esultanza eccessiva per la ricchezza, poiché la sventura materiale può incombere inaspettatamente (cfr 1,10-11).

Il passaggio non si rivolge solo ai ricchi ma specificamente ai pericoli affrontati dai ricchi come classe, che comprende sia credenti che non credenti. Anche se Giacomo scrive principalmente ai credenti, le sue parole risuonano universalmente, applicandosi anche ai non credenti. La sua preoccupazione si estende oltre il semplice successo mondano fino ai pericoli spirituali posti dalla ricchezza, distinguendo il suo messaggio dai passaggi precedenti che criticavano l'ambizione mondana (cfr 4:13).

5:2 **Le tue ricchezze sono imputridite e le tue vesti sono tarlate.**

Il concetto di "ricchezza che marcisce" si riferisce probabilmente a beni deperibili come cibo e bevande. Nei tempi biblici, anche gli indumenti erano considerati beni preziosi, spesso usati per il commercio, custoditi come cimeli di famiglia e dati come doni prestigiosi (cfr. Matteo 6:19). Ancora oggi le persone investono ingenti somme in beni deperibili come cibo, bevande e vestiti, nonostante la loro natura fugace.

Questa prospettiva evidenzia una verità senza tempo sulla ricchezza materiale. Sebbene questi beni possano fornire conforto e status temporanei, alla fine decadono o perdono valore nel tempo. Fa eco agli insegnamenti di Gesù in Matteo 6:19, sottolineando l'importanza di dare priorità ai tesori eterni rispetto ai beni terreni suscettibili al decadimento e alla perdita.

5:3 **Il tuo oro e il tuo argento si sono corrosi; la loro corrosione sarà una prova contro di te e divorerà la tua carne come un fuoco. Hai accumulato tesori negli ultimi giorni.**

La menzione di "oro" e "argento" negli insegnamenti di Giacomo evidenzia la loro vulnerabilità alla corrosione e all'ossidazione. Questa corrosione diminuisce il loro valore materiale e simboleggia un decadimento spirituale più profondo causato dall'accumulo di ricchezze. James avverte che questo processo distruttivo che colpisce i metalli preziosi è parallelo agli effetti dannosi sugli individui che accumulano eccessivamente ricchezze. Serve come testimonianza della loro infedele gestione della ricchezza, in netto contrasto con il principio cristiano di utilizzare le risorse piuttosto che semplicemente accumularle.

Per i cristiani, accumulare ricchezze è particolarmente grave, soprattutto se si considera la convinzione di vivere negli ultimi giorni prima del ritorno del Signore (cfr Luca 12,20-21). James sostiene l'uso delle risorse finanziarie per l'opera di Dio piuttosto che indulgere in stili di vita egocentrici e oziosi (cfr. Matt. 6:19-24). Questa prospettiva è in linea con l'insegnamento biblico secondo cui tutto appartiene a Dio e che i credenti sono amministratori incaricati di gestire saggiamente le Sue risorse (cfr 1 Corinzi 4:2).

Anche se la Bibbia non scoraggia il risparmio o l'investimento, condanna fermamente l'accaparramento, ovvero l'accumulo di ricchezza per prestigio o autogratificazione piuttosto che per una vera sicurezza o un'amministrazione responsabile. Determinare il confine tra risparmio prudente e accumulo peccaminoso è una questione di cuore, che riflette il proprio atteggiamento verso la generosità e la fiducia nella provvidenza di Dio. In definitiva, James incoraggia una mentalità in cui le risorse finanziarie vengono utilizzate intenzionalmente per far avanzare il regno di Dio, riconoscendo che il vero tesoro risiede negli investimenti celesti piuttosto che nell'accumulazione terrena.

5:4 Ecco, la paga dei lavoratori che hanno falciato i vostri campi, e che avete trattenuta con la frode, grida contro di voi, e le grida dei mietitori sono giunte agli orecchi del Signore degli eserciti.

Alcuni dei presenti a Giacomo evidentemente si stavano arricchendo ingiustamente trattenendo il giusto salario ai loro lavoratori, un grave reato condannato in Deuteronomio 24:15. Le grida di giustizia di questi lavoratori oppressi erano giunte alle orecchie di Dio, anche se i loro datori di lavoro rimanevano indifferenti (cfr Genesi 4,5; 18,20-21).

Il titolo "Signore degli eserciti" (Signore Onnipotente; cfr. Isaia 5:9; Romani 9:29) sottolinea l'onnipotenza sovrana di Dio. Nonostante l'apparente mancanza di difensori terreni degli oppressi, essi trovano il loro ultimo aiuto nell'Onnipotente Dio del cielo. Questo titolo evidenzia il ruolo di Dio come difensore degli oppressi. Garantisce che la giustizia prevalga, anche quando i sistemi umani falliscono o sfruttano i più vulnerabili. Rassicura coloro che affrontano l'ingiustizia dicendo loro che non sono soli nella loro lotta, poiché il Signore degli eserciti è al loro fianco, pronto a realizzare giustizia e rettitudine nei Suoi tempi perfetti.

5:5 Sei vissuto sulla terra nel lusso e nell'indulgenza verso te stesso. Avete ingrassato i vostri cuori in un giorno di massacro.

Lo stile di vita spesso associato ai ricchi – lusso e autoindulgenza – è criticato nelle norme culturali e negli insegnamenti scritturali. Anche se la società può perdonare la stravaganza, la Scrittura la condanna costantemente. Vivere esclusivamente "per piacere" implica la ricerca dell'indulgenza e dell'eccesso, da cui James mette in guardia come forma di avido materialismo.

James utilizza immagini vivide per illustrare le conseguenze di tali stili di vita. Descrive metaforicamente i ricchi come se "ingrassassero i loro cuori", indulgendo in un consumo eccessivo che non solo soddisfa i desideri fisici ma li rende anche ciechi rispetto alla loro vulnerabilità spirituale. Questa ricerca egocentrica del piacere, sia in termini fisici che materialistici, alla fine porta a un giorno del giudizio, che ricorda gli animali sacrificali preparati per la macellazione.

Nella tradizione dei profeti dell'Antico Testamento, Giacomo denuncia severamente questo stile di vita sontuoso e distratto, mettendo in guardia dalle sue conseguenze imminenti. Per i credenti, questo monito rappresenta una sfida per rivalutare le abitudini di spesa personali, sottolineando l'importanza di valutare periodicamente le spese. Un metodo pratico suggerito è quello di confrontare le donazioni di beneficenza (detrazioni) con il reddito, utilizzando i registri delle imposte sul reddito come misura tangibile della generosità rispetto all'accumulo personale. Questa riflessione aiuta ad allineare le decisioni finanziarie con i principi biblici di amministrazione e generosità, promuovendo una mentalità che dà priorità ai valori eterni rispetto ai piaceri materiali fugaci.

5:6 Hai condannato e ucciso il giusto. Non ti resiste.

James affronta in modo vivido l'oppressione esercitata dai ricchi, che a volte arrivano fino a "mettere a morte" metaforicamente coloro che resistono alle loro pratiche ingiuste, anche se questi individui lo fanno in modo giusto e non violento. Questo linguaggio iperbolico evidenzia le gravi conseguenze affrontate da coloro che ostacolano il perseguimento della sicurezza finanziaria da parte dei ricchi. Nel corso della storia, i cristiani hanno spesso dovuto affrontare persecuzioni da parte di coloro che salvaguardavano o promuovevano i loro interessi economici, come si vede in resoconti come quelli degli Atti (8:18-24; 19:23-28).

Per i lavoratori giornalieri ricevere tempestivamente il salario è una questione di vita o di morte. James descrive i salari come linfa vitale essenziale, a simboleggiare le terribili conseguenze quando i ricchi trattengono ingiustamente questi guadagni. Questa rappresentazione si estende ai contadini e ai lavoratori il cui lavoro sostiene gli altri ma spesso li rende vulnerabili allo sfruttamento e all'impoverimento. Pertanto, l'accusa di Giacomo secondo cui i ricchi condannano e addirittura uccidono metaforicamente i giusti (5:6) ha un peso etico e morale significativo.

I severi avvertimenti di James rivelano la sua preoccupazione per il fatto che i suoi lettori venissero meno alle proprie responsabilità, in particolare nella gestione della ricchezza. Sfida la ricerca eccessiva della ricchezza e del guadagno materiale, una tentazione prevalente nella cultura moderna. Sebbene sia necessario per scopi pratici, il denaro può facilmente diventare una trappola, causando ansia, insicurezza e pericolo spirituale se usato in modo improprio o idolatrato.

Per quanto riguarda il pubblico di James, siano essi cristiani ricchi o non credenti, egli critica principalmente coloro che all'interno della comunità cristiana potrebbero abusare della loro ricchezza o opprimere gli altri. Il suo messaggio risveglia i credenti sui pericoli della ricchezza e sull'importanza di allineare le pratiche finanziarie con i principi di amministrazione, generosità e giustizia di Dio.

In contrasto con la visione del mondo della ricchezza come fonte di libertà, sicurezza, potere e felicità, Giacomo sottolinea che il vero appagamento e la vera sicurezza derivano dalla fiducia in Dio piuttosto che dall'accumulazione di ricchezza terrena. I suoi insegnamenti incoraggiano un cambiamento radicale di prospettiva, in cui il denaro non è visto come un fine ma come uno strumento per vivere rettamente e far avanzare il Regno di Dio. Pertanto, i credenti sono chiamati a gestire saggiamente le proprie risorse, riconoscendo che il vero valore e la sicurezza derivano da una relazione con Dio, non dai beni materiali.

Pazienza nella sofferenza

James infatti condanna l'atteggiamento dei ricchi che dà priorità all'acquisizione di ricchezza con ogni mezzo possibile, il più rapidamente possibile. Questa mentalità, focalizzata esclusivamente sull'accumulo senza riguardo per considerazioni etiche o per il benessere degli altri, è in netto contrasto con il consiglio che James fornisce nel passaggio successivo. Qui Giacomo consiglia ai ricchi e a quelli con mezzi modesti di coltivare la pazienza.

L'appello alla pazienza riflette la più ampia preoccupazione di James riguardo al modo in cui i credenti affrontano la vita e la ricchezza. In questo contesto, la pazienza implica avere fiducia nei tempi e nella provvidenza di Dio piuttosto che ricorrere a metodi opportuni o non etici per ottenere un guadagno finanziario. Incoraggia la fedeltà e l'integrità durature in tutti gli aspetti della vita, compresi i rapporti economici.

Per James, la pazienza non significa semplicemente aspettare passivamente, ma anche confidare attivamente nella saggezza e nel provvedimento di Dio, vivendo fedelmente i principi di giustizia e compassione. Questo atteggiamento contrasta la ricerca egocentrica della ricchezza condannata in precedenza e si allinea con una prospettiva spirituale più profonda che valorizza la rettitudine e la condotta etica rispetto al guadagno materiale immediato.

Pertanto, l'esortazione di Giacomo a praticare la pazienza funge da bussola morale, guidando i credenti lontano dalle trappole dell'avidità e dello sfruttamento verso una vita segnata dall'integrità, dalla fiducia in Dio e dalla preoccupazione per il benessere degli altri.

5:7 Siate dunque pazienti, fratelli, fino alla venuta del Signore. Guarda come il contadino aspetta pazientemente il prezioso frutto della terra finché non riceve le piogge precoci e tardive.

James incoraggia i credenti ad essere pazienti in risposta ai pericoli delineati. Il verbo " makrothymesate " (essere paziente) trasmette un senso di autocontrollo, astenendosi dal reagire frettolosamente ai torti subiti. Questa pazienza trova fondamento nell'imminente "venuta" del Signore (v. 8), termine (" parousias ") comunemente usato per descrivere la visita reale di un re. Nella teologia cristiana, si riferisce all'atteso ritorno di Cristo (cfr Mc 13,32-37; Fil 4,5; 1 Pt 4,7; 1 Gv 2,18).

La metafora delle piogge precoci e tardive nell'insegnamento di Giacomo risuona con il contesto agricolo del suo pubblico, probabilmente in Giudea. Le prime piogge cadevano generalmente tra la fine di ottobre e l'inizio di novembre, il che è fondamentale per la semina, mentre le piogge tardive tra fine marzo e inizio aprile sono state vitali per la maturazione dei raccolti. Queste immagini agricole evidenziano la familiarità di James con le pratiche agricole della Giudea. Illustra un principio spirituale: i credenti sono simili agli agricoltori che seminano e coltivano diligentemente i loro raccolti (sforzi spirituali) con pazienti aspettative di un raccolto futuro.

Per James, questa analogia evidenzia l'importanza della perseveranza e della fiducia nei tempi di Dio. Proprio come un agricoltore non può affrettare il processo di crescita ma deve aspettare pazientemente le piogge e il raccolto finale, anche i credenti devono sopportare pazientemente prove e difficoltà, confidare nella provvidenza di Dio e attendere l'adempimento delle Sue promesse. Questa paziente sopportazione contrasta nettamente con la ricerca impulsiva della ricchezza o con la ritorsione contro le ingiustizie, sottolineando un approccio alla vita incentrato sulla fede, caratterizzato dalla fermezza e dalla fiducia nella guida di Dio.

5:8 Anche tu sii paziente. Rafforzate i vostri cuori, perché la venuta del Signore è vicina.

Quando il Signore ritornerà, i credenti riceveranno la loro ricompensa davanti al tribunale di Cristo. Giacomo intanto esorta i suoi lettori a «essere pazienti e fortificare i vostri cuori», sottolineando la certezza che li attende la ricompensa, come promesso da Dio (cfr Mt 6,20). Questa paziente resistenza è in netto contrasto con la mentalità dei ricchi che, consumati dalle attività mondane, danno priorità all'accumulazione di quanta più ricchezza possibile nel presente.

La speranza di ricompense future è una potente motivazione per i credenti a perseverare attraverso prove e difficoltà. Li incoraggia a rafforzare la loro determinazione e a mantenere la fedeltà nonostante le difficoltà, sapendo che il premio finale – le benedizioni eterne alla presenza di Dio – è proprio lì. Questa prospettiva è in linea con gli insegnamenti di Cristo, che istruì i Suoi seguaci ad accumulare tesori in cielo piuttosto che sulla terra (Matteo 6:19-21).

Giacomo sottolinea l'urgenza di rimanere saldi, paragonando il cammino cristiano a una corsa dove la perseveranza è essenziale per raggiungere il traguardo e ricevere la pienezza delle promesse di Dio. Questa perseveranza è fondata sulla convinzione che l'adempimento dei propositi di Dio è imminente e che ogni momento offre opportunità per vivere fedelmente e obbedientemente.

Il consiglio di James incoraggia i credenti a vivere con una prospettiva eterna, concentrandosi sugli investimenti spirituali che durano oltre questa vita. Questa prospettiva sfida il fascino della gratificazione immediata e della ricchezza materiale, sollecitando invece un impegno per una fede duratura e l'anticipazione della ricompensa celeste promessa a coloro che seguono fedelmente Cristo.

5:9 Non mormorate gli uni contro gli altri, fratelli, affinché non siate giudicati; ecco, il giudice sta alla porta.

Giacomo ammonisce i credenti a non incolpare o lamentarsi l'uno contro l'altro in mezzo ai loro disagi. Egli distingue tra le denunce palesi e le sottili ma dannose espressioni di amarezza o risentimento che possono manifestarsi come gemiti o sospiri. Tali atteggiamenti, avverte, implicano un giudizio improprio, echeggiando i suoi precedenti insegnamenti sui pericoli della calunnia e degli atteggiamenti giudicanti (cfr Giacomo 4:11-12).

L'urgenza del messaggio di Giacomo è sottolineata dalla fede tra i primi cristiani nell'imminente ritorno di Gesù Cristo (" parousia "), riferendosi alla Sua venuta attesa. Questa convinzione non era una linea temporale fissa, ma la convinzione che Cristo potesse ritornare in qualsiasi momento, spingendo i credenti a vivere con prontezza e fedeltà.

Questo imminente ritorno di Cristo è distinto dalla Sua Seconda Venuta, che la Scrittura indica che avverrà dopo un periodo di tribolazione.

Secondo alcune prospettive teologiche come la visione del Rapimento Pretribolazione, il concetto del ritorno imminente di Cristo afferma che Gesù riunirà i Suoi seguaci prima del periodo di tribolazione descritto nella profezia biblica. Questa convinzione è in linea con l'insegnamento del Nuovo Testamento sull'imminente ritorno di Cristo, sottolineando la prontezza e l'anticipazione con cui i credenti dovrebbero vivere la propria vita.

Per James, l'imminente ritorno di Gesù Cristo è una potente motivazione per i credenti a vivere con pazienza e sacrificio. Descrive vividamente Gesù come "stando proprio alla porta", a simboleggiare la Sua vicinanza e l'urgenza con cui i credenti dovrebbero attendere il Suo ritorno. Questa anticipazione dovrebbe modellare i loro atteggiamenti e le loro azioni, promuovendo uno spirito di pazienza, perseveranza e devozione in preparazione alle ricompense eterne promesse da Cristo al Suo ritorno.

5:10 Prendete come esempio di sofferenza e di pazienza, fratelli, i profeti che hanno parlato nel nome del Signore.

In Giacomo 1:4 viene evidenziato il concetto della paziente sopportazione nella sofferenza come una virtù che i credenti devono coltivare. Questa resistenza alla sofferenza trova espressione esemplare nei profeti ebrei, che furono potenti modelli di fedeltà e perseveranza in mezzo a prove e tribolazioni.

Consideriamo il profeta Giobbe, famoso per la sua incrollabile fiducia in Dio nonostante abbia perso ricchezza, salute e famiglia in una serie di prove devastanti. La sua famosa dichiarazione: "Anche se mi uccidesse , spero in lui" (Giobbe 13:15), incarna la paziente resistenza di fronte a sofferenze significative.

Un altro esempio notevole è il profeta Geremia, spesso chiamato il "profeta piangente". Geremia proclamò fedelmente la parola di Dio a una nazione disobbediente, sopportando persecuzioni, rifiuto e prigionia. Il suo fermo impegno verso la chiamata di Dio dimostra una fedeltà duratura nonostante l'angoscia e l'opposizione personali.

Il profeta Daniele esemplifica la resilienza e la fiducia in Dio mentre affronta intrighi politici, esilio e persecuzione a Babilonia. Nonostante le minacce alla sua vita e alla sua fede, Daniele rimase saldo nella preghiera e nella devozione a Dio, testimoniando infine la liberazione e la sovranità di Dio.

Il profeta Isaia, noto per le sue visioni profetiche e i suoi messaggi di speranza e restaurazione, sopportò l'opposizione e la persecuzione per aver proclamato la verità di Dio al popolo di Giuda. La sua fermezza nel dichiarare le promesse di Dio in mezzo alle avversità è un esempio duraturo di fedeltà e perseveranza.

Questi profeti, tra gli altri dell'Antico Testamento, esemplificano la virtù della paziente perseveranza nella sofferenza. Le loro vite e i loro messaggi risuonano con l'esortazione di Giacomo ai credenti a sopportare le prove con fede salda, confidando nella fedeltà e nella sovranità di Dio. Le loro storie ispirano e incoraggiano i credenti a perseverare attraverso le difficoltà, sapendo che Dio è all'opera nonostante le avversità, plasmando e perfezionando la loro fede per la Sua gloria.

5:11 Ecco, consideriamo beati coloro che rimasero saldi. Hai sentito parlare della fermezza di Giobbe e hai visto lo scopo del Signore, come il Signore è compassionevole e misericordioso.

Nell'esaminare il tema della sopportazione del paziente nella sofferenza, Giobbe emerge come un esempio complesso ma significativo. Anche se Giobbe non sempre mostrò una pazienza perfetta nella sua sofferenza, alla fine decise di sopportare qualunque cosa gli accadesse mentre aspettava la soluzione di Dio al mistero delle sue afflizioni (cfr Giobbe 13:10, 15; 16:19-21; 19:25).

Gli studiosi notano che, nonostante i momenti di impazienza e angoscia, Giobbe tornò costantemente a impegnarsi completamente con Dio, culminando in uno spirito di sottomissione duratura alla fine della sua prova. Questo viaggio di fede, segnato dalla lotta con la giustizia di Dio in mezzo a sofferenze significative, esemplifica il tipo di costante perseveranza che Giacomo incoraggia nei credenti.

In Giacomo 5:7-10, l'autore invoca la "pazienza" (makrothymia), che implica astenersi dalle ritorsioni e perseverare con fermezza nelle prove. Ciò fa eco ai primi insegnamenti di Giacomo sulla perseveranza della fede di fronte a varie prove (cfr. Giacomo 1:3) e risuona con il tema biblico più ampio della perseveranza nella fede (cfr. Ebrei 11:25).

La storia di Giobbe rivela la compassione e la misericordia di Dio, in particolare nella restaurazione e nelle benedizioni che Giobbe riceve dopo le sue prove. Il suo esempio incoraggia i credenti a continuare a vivere secondo la fede anche quando sono tentati di dubitare o di allontanarsi dalla fiducia in Dio, come esemplificato nell'appello di Giacomo alla fedeltà duratura in mezzo alle avversità.

La preoccupazione di Giacomo in tutta la sua epistola è quella di fornire ai credenti gli strumenti per superare le reazioni mondane alle ingiustizie e alle prove abbracciando una mentalità fondata sui valori del regno di Dio. Questa prospettiva consente ai credenti di resistere all'ostilità del mondo, riconoscendo che la loro speranza ultima risiede nella sovranità e nella fedeltà di Dio, proprio come ha dimostrato Giobbe nella sua dura prova.

5:12 Ma soprattutto, fratelli miei, non giurate per il cielo, né per la terra, né per alcun altro giuramento, ma il vostro "sì" sia sì e il vostro "no" sia no, affinché non cadiate sotto condanna.

James sottolinea che le imprecazioni e i giuramenti affrettati sono manifestazioni di impazienza, soprattutto in tempi di stress e afflizione. Mette in guardia dall'uso disinvolto e irriverente del nome del Signore o dall'invocazione del cielo e della terra per affermare affermazioni (cfr Mt 5,33-37). Secondo James questo comportamento riflette una mancanza di autocontrollo e un disprezzo per la sacralità del nome di Dio.

Studiosi come Jamieson, Hiebert e Constable spiegano che la preoccupazione di James non riguarda i giuramenti formali utilizzati in contesti legali ma le conversazioni quotidiane in cui i giuramenti vengono utilizzati con leggerezza e senza un genuino riguardo per il loro significato. Ciò è in linea con le pratiche ebraiche dell'epoca e si estende ai contesti moderni in cui gli individui potrebbero usare con disinvoltura un linguaggio religioso o solenne.

James sottolinea che il nostro discorso dovrebbe essere caratterizzato da integrità e onestà, dove una semplice affermazione o negazione dovrebbe essere sufficiente senza la necessità di ulteriori giuramenti per convalidare le nostre dichiarazioni. Ciò riflette un impegno più profondo verso la veridicità e l'affidabilità nella nostra comunicazione, facendo eco agli insegnamenti di Gesù su come lasciare che il nostro sì e il nostro no siano sì.

Secondo James, l'impazienza è la radice di questo comportamento improprio, spesso associato ai ricchi. Questa impazienza deriva dal rifiuto o dall'oblio della rivelazione divina, in particolare riguardo al futuro delineato nella Scrittura. La conoscenza dei piani di Dio per il futuro dovrebbe modellare profondamente le nostre decisioni quotidiane, compreso il modo in cui gestiamo la ricchezza e ci comportiamo in tutti gli aspetti della vita. Pertanto, Giacomo incoraggia i credenti ad allineare i loro atteggiamenti e le loro azioni con la verità rivelata di Dio, promuovendo una vita caratterizzata da integrità, pazienza e obbedienza fedele.

La preghiera della fede

Giacomo sottolinea costantemente l'importanza della preghiera come mezzo vitale affinché i credenti possano affrontare prove e tentazioni. In tutta la sua epistola, intreccia i temi della pazienza e della preghiera, esortando i suoi lettori a rivolgersi a Dio in preghiera piuttosto che ricorrere a parolacce o ad altre espressioni improprie di emozioni nei momenti di sofferenza.

All'inizio e alla fine della sua lettera, Giacomo evidenzia la preghiera come strumento cruciale per gestire le prove (cfr Gc 1,5-8; 5,13-18). Insegna che la preghiera cerca la saggezza e la guida di Dio durante le sfide e rafforza la determinazione dei credenti a resistere con pazienza e fede. Questa enfasi evidenzia la connessione inseparabile tra una vita perseverante e una vita di preghiera, dove la preghiera è una pratica fondamentale che sostiene la fermezza di fronte alle difficoltà.

5:13 C'è qualcuno tra voi che soffre? Lascialo pregare. Qualcuno è allegro? Lascialo cantare lodi.

In Giacomo 5:13-18 incoraggia specificamente la preghiera come risposta adeguata alla tristezza causata dalla sofferenza. Piuttosto che permettere alla tristezza di portare a parole o azioni inadeguate, Giacomo invita i credenti a incanalare le proprie emozioni attraverso una comunicazione devota con Dio. Ciò è in linea con il suo messaggio più ampio di vivere secondo fede e confidare nella sovranità di Dio, indipendentemente dalle circostanze attuali.

Giacomo contrappone le corrette espressioni delle emozioni: la gioia dovrebbe essere espressa lodando Dio e cantando lodi piuttosto che con discorsi inappropriati come le imprecazioni. Ciò riflette la sua convinzione che la preghiera e l'adorazione siano parte integrante del mantenimento di una vita fedele e retta, anche in mezzo a prove e sfide.

Pertanto, gli insegnamenti di Giacomo sulla preghiera evidenziano il suo potere di trasformazione nel plasmare gli atteggiamenti e le risposte dei credenti, consentendo loro di sopportare le prove con pazienza e fede mentre glorificano Dio in ogni circostanza.

5:14 Qualcuno tra voi è malato? Chiami gli anziani della chiesa e preghino su di lui, ungendolo con olio nel nome del Signore.

Giacomo affronta la questione della malattia, sia spirituale che fisica, nella sua epistola, riconoscendo che l'allontanamento dalla volontà di Dio può portare a conseguenze che includono debolezza spirituale e talvolta anche malattia fisica (Giacomo 1:15, 21; 5:20). Fornisce istruzioni chiare su come i credenti dovrebbero rispondere di fronte a queste sfide, in particolare in Giacomo 5:14-20.

James consiglia ai credenti di adottare misure proattive per affrontare la debolezza spirituale o fisica. Nello specifico, ordina loro di chiamare gli anziani della chiesa. Questi anziani sono leader riconosciuti all'interno della congregazione e sono responsabili della supervisione e della cura spirituale. Invocarli dimostra fiducia nella loro autorità spirituale e nel loro ruolo nella comunità di fede.

Giacomo delinea un duplice ministero che gli anziani devono svolgere quando chiamati: preghiera e unzione con olio nel nome di Gesù. La preghiera è enfatizzata come l'azione primaria, mentre l'unzione con olio è una consacrazione simbolica secondaria e una dedizione al potere guaritore di Dio. Questa pratica riflette un approccio olistico alla guarigione, affrontando sia la dimensione fisica che quella spirituale della malattia.

L'unzione con olio era una pratica culturale e religiosa comune nel Vicino Oriente antico, che significava guarigione e consacrazione. In questo contesto, simboleggia l'invocazione da parte degli anziani della presenza e del potere di Dio per portare guarigione e restaurazione. È importante sottolineare che James sottolinea l'importanza della preghiera come punto focale di questo ministero, sottolineando il suo ruolo centrale nel cercare l'intervento e la guida di Dio.

Oggi, le istruzioni di James ricordano ai credenti di coinvolgere la comunità ecclesiale nei momenti di bisogno, in particolare nella malattia o nella lotta spirituale. Piuttosto che fare affidamento esclusivamente su reti personali o informali per il sostegno, James incoraggia i credenti a coinvolgere gli anziani della chiesa che possono fornire consiglio spirituale, intercessione attraverso la preghiera e un'espressione tangibile di fede attraverso l'unzione. Questo approccio non cerca solo la guarigione fisica ma promuove anche la forza spirituale e l'unità all'interno del corpo di Cristo, riflettendo la preoccupazione olistica di James per il benessere dei credenti.

Le istruzioni di Giacomo riguardo alla chiamata degli anziani e all'unzione con olio per la persona malata forniscono informazioni sia sulle pratiche culturali del suo tempo che sulla cura spirituale all'interno della comunità ecclesiale primitiva.

In primo luogo, chiamare gli anziani significa riconoscere che la malattia può essere collegata a condizioni spirituali. Ciò è in linea con la successiva affermazione di Giacomo nel versetto 15, dove collega la malattia al peccato e al bisogno di perdono e restaurazione attraverso la preghiera e il pentimento. Sebbene l'assistenza medica moderna sia essenziale e apprezzata, il ruolo degli anziani si concentra sull'affrontare i fattori spirituali che possono contribuire o accompagnare la malattia. Questa supervisione spirituale è radicata nella loro responsabilità per il benessere spirituale del gregge (Ebrei 13:17).

La pratica dell'unzione con olio, nell'antichità tipicamente d'oliva, aveva un significato simbolico e pratico. Era apprezzato per le sue qualità terapeutiche ed era comunemente usato per scopi lenitivi e medicinali (Isaia 1:16; Luca 10:34). L'uso da parte di Giacomo della parola greca " aleiphein ", che significa strofinare o applicare olio, piuttosto che " chriein ", che denota specificamente l'unzione cerimoniale religiosa, suggerisce un'applicazione pratica dell'olio per i suoi benefici medicinali piuttosto che un atto sacramentale.

Esiste qualche dibattito tra i cristiani riguardo alla continuità dell'unzione con olio come pratica nella chiesa oggi. Sebbene abbia avuto origine nelle usanze ebraiche, non era esclusivamente ebraico, e la sua applicazione nel contesto di Giacomo ne evidenzia l'uso terapeutico pratico piuttosto che un rito strettamente religioso. Sotto la grazia di Cristo, i credenti hanno la libertà riguardo all'osservanza di tali pratiche, con la consapevolezza che l'attenzione principale rimane sulla restaurazione spirituale e fisica attraverso la preghiera e la fede.

Le istruzioni di Giacomo mettono in risalto la cura olistica dei malati all'interno della comunità cristiana, integrando la supervisione spirituale con la cura pratica. Questo approccio enfatizza l'importanza della fede, della preghiera e del sostegno della comunità nei momenti di malattia, riflettendo la responsabilità della chiesa di provvedere ai bisogni spirituali e fisici dei suoi membri.

Le istruzioni di Giacomo riguardanti l'unzione degli infermi con olio e il coinvolgimento degli anziani rivelano spunti sulle prime pratiche cristiane e sulle loro implicazioni teologiche.

In primo luogo, l'attenzione di Giacomo nel chiamare gli anziani e nell'unzione con olio suggerisce il riconoscimento che la malattia può avere radici spirituali. Sebbene tutte le malattie in definitiva risalgano alla caduta e alla rottura della creazione, non tutte le malattie sono direttamente collegate a un peccato specifico, come afferma Gesù in Giovanni 9:3 riguardo al cieco. L'atto di ungere con olio nel contesto di Giacomo era probabilmente il simbolo dell'invocazione della presenza risanatrice e confortante di Dio, proprio come l'uso dell'olio nell'Antico Testamento come simbolo della potenza e della benedizione dello Spirito Santo (Salmo 23:5; Isaia 61:1).

L'omissione da parte di Giacomo delle istruzioni di cercare coloro che avevano il dono della guarigione implica che tali individui non erano comuni nemmeno nella chiesa primitiva. Invece, l'enfasi era sulla responsabilità comune degli anziani di pregare e assistere i malati, soddisfacendo i loro bisogni spirituali e fisici. Questo approccio evidenzia l'assistenza olistica che la comunità cristiana è stata chiamata a fornire, unendo fede, preghiera e sostegno pratico nei momenti di malattia.

La parola greca " aleiphein ", che significa strofinare o applicare olio, piuttosto che " chriein ", che denota specificamente l'unzione cerimoniale, indica un'applicazione pratica dell'olio per le sue qualità lenitive e forse simboliche. Questa pratica era un ricordo tangibile della presenza e della cura di Dio durante l'afflizione fisica.

In particolare, la guida di Giacomo sull'unzione con olio è stata storicamente interpretata in modo diverso nelle tradizioni cristiane. Ad esempio, la dottrina cattolica romana sviluppò la pratica dell'estrema unzione (unzione con olio degli infermi in prossimità della morte) basata in parte su Giacomo 5:14. Questa pratica, emersa intorno all'VIII secolo, riflette la fede nell'efficacia sacramentale dell'unzione per il perdono dei peccati e la preparazione all'aldilà.

La direttiva di Giacomo di ungere i malati con olio e coinvolgere gli anziani nella preghiera evidenzia il ruolo della comunità cristiana nella cura dei malati spiritualmente e fisicamente. Questa pratica risponde ai bisogni immediati e serve a ricordare la presenza risanatrice di Dio e il sostegno comunitario essenziale alla vita di fede.

5:15 E la preghiera fatta con fede salverà il malato, e il Signore lo rialzerà. E se ha commesso dei peccati, gli sarà perdonato.

Giacomo sottolinea l'importanza della preghiera nell'affrontare i bisogni dei malati, evidenziandola come il mezzo principale attraverso il quale si cerca la guarigione all'interno della comunità cristiana.

Il punto focale di Giacomo 5:13-18 è la preghiera, nonostante le diverse interpretazioni riguardo al significato dell'unzione con olio. Alcuni suggeriscono che l'unzione non dovrebbe oscurare l'enfasi primaria sulla preghiera stessa. Si sottolinea che le preghiere degli anziani con fede hanno il potere di ristabilire o far guarire la persona malata. Il termine "preghiera della fede" denota una preghiera offerta con fiducia nella capacità di Dio di guarire secondo la Sua volontà (Matteo 8:1-13; Marco 5:35-42). Ciò è in linea con la comprensione che la guarigione definitiva viene da Dio, e che la preghiera è un mezzo vitale attraverso il quale si ricerca il potere guaritore di Dio.

L'unzione con olio nel contesto di Giacomo è vista come un atto pratico e simbolico piuttosto che un rito sacramentale. Simboleggia la presenza e la cura di Dio durante i momenti di afflizione fisica, attingendo all'uso culturale dell'olio per le sue qualità lenitive e medicinali (Isaia 1:6; Luca 10:34). L'atto dell'unzione non è visto come la causa diretta della guarigione ma come un'espressione visibile di fiducia nella provvidenza e nella cura di Dio.

Le istruzioni di Giacomo non supportano l'idea che la preghiera nella fede garantisca un risultato specifico semplicemente perché si prega per essa. Invece, la fede nella preghiera è ancorata alla fiducia nella sovranità di Dio e nei Suoi propositi, non in un'aspettativa stereotipata di risultati (Giacomo 1:5-6; 2 Corinzi 12:7-10). La fede dipende sempre dal carattere e dalle promesse di Dio, garantendo che la preghiera efficace sia radicata in una relazione genuina con Lui.

Per quanto riguarda i peccati legati alla malattia, Giacomo riconosce che non tutte le malattie derivano direttamente dal peccato personale (Giovanni 9:1-3). Tuttavia, sottolinea la necessità di una restaurazione spirituale e fisica laddove il peccato può essere un fattore, sottolineando la confessione e il perdono attraverso la preghiera (1 Giovanni 1:9; Matteo 6:12). Questo approccio olistico riflette la preoccupazione di James di affrontare la dimensione spirituale e fisica della malattia nella comunità.

La guida di Giacomo sulla preghiera e sull'unzione degli infermi evidenzia la responsabilità della comunità cristiana nel sostenere e assistere coloro che affrontano la malattia. La preghiera, offerta con fede e dipendenza dalla volontà di Dio, rimane centrale per cercare guarigione e ristoro, affermando la sovranità di Dio in tutte le circostanze della vita.

5:16 **Confessate dunque gli uni agli altri i vostri peccati e pregate gli uni per gli altri affinché siate guariti. La preghiera di una persona giusta ha un grande potere poiché funziona.**

Giacomo istruisce i credenti a confessare i propri peccati gli uni agli altri e a pregare gli uni per gli altri, evidenziando l'interconnessione del benessere spirituale e fisico all'interno della comunità cristiana.

Confessare i peccati l'uno all'altro si basa sulla comprensione che il peccato può portare a malattie spirituali e fisiche (Giacomo 5:15, 16). Questa pratica della confessione ha lo scopo di favorire la trasparenza e la responsabilità tra i credenti, promuovendo la salute spirituale e il ripristino relazionale. Qui la confessione non si limita a contesti formali ma incoraggia un riconoscimento personale e privato dei torti commessi contro gli altri (Matteo 5:23-24).

Giacomo sottolinea l'efficacia della preghiera nella guarigione, sottolineando che le preghiere offerte dai credenti gli uni per gli altri possono portare alla restaurazione spirituale e fisica (Giacomo 5:16). Ciò è in linea con i principi biblici che sottolineano il potere della preghiera nel rispondere ai bisogni personali e comunitari (Matteo 18:19-20; Efesini 6:18).

Il contesto della confessione e della preghiera implica una dinamica relazionale in cui i credenti si sostengono e intercedono gli uni per gli altri. Riflette un impegno per la crescita spirituale e la cura reciproca all'interno della comunità di fede, rispecchiando i principi del perdono e della riconciliazione insegnati da Gesù (Colossesi 3:12-13).

All'interno dei matrimoni, i principi di James incoraggiano un ambiente di apertura e perdono. I coniugi sono esortati a creare uno spazio sicuro in cui confessare i peccati ed esprimere le proprie emozioni siano accolti e sostenuti (Efesini 4:31-32; 1 Giovanni 4:18). Ciò favorisce l'intimità e la fiducia, essenziali per mantenere relazioni sane e affrontare i conflitti in modo costruttivo.

In definitiva, le istruzioni di Giacomo sulla confessione e sulla preghiera evidenziano l'approccio olistico alla vita cristiana, sottolineando la responsabilità personale per il peccato e il sostegno comunitario attraverso la preghiera e l'incoraggiamento reciproco. Queste pratiche contribuiscono alla crescita spirituale individuale e rafforzano l'unità e la salute della chiesa.

Sembra che tu stia condividendo alcune intuizioni o citazioni relative alla pratica della confessione all'interno della fede cristiana, in particolare nell'affrontare il peccato e nella ricerca del rinnovamento spirituale. La confessione, come intesa in varie tradizioni cristiane, implica il riconoscimento dei propri peccati davanti a Dio e, in alcuni casi, davanti ai compagni di fede per ottenere responsabilità e sostegno. Ecco un riepilogo basato sulle citazioni e sulle idee che hai presentato:

Ambito della confessione : confessare il peccato dovrebbe corrispondere alla portata del suo impatto. I peccati privati dovrebbero essere confessati privatamente, mentre i peccati che colpiscono gli altri o la comunità possono richiedere una confessione pubblica per facilitare la guarigione e la riconciliazione (citazione 2).

Scopo della Confessione : La Confessione non è semplicemente un rituale ma un mezzo per ricevere l'aiuto divino e sperimentare il rinnovamento spirituale. Permette ai credenti di affrontare onestamente i propri peccati e di cercare il perdono, ripristinando il loro rapporto con Dio e gli altri (citazione 3).

Confessione e vita cristiana : pur non essendo un requisito o una legge rigorosa, la confessione offre un percorso per approfondire la fede e la fraternità all'interno della comunità cristiana. Fornisce un contesto per il sostegno reciproco, la responsabilità e l'esperienza della grazia di Dio nel superare il peccato e il dubbio (citazione 4).

Prospettiva storica : Storicamente, figure come Martin Lutero hanno enfatizzato la confessione come parte integrante della vita cristiana, citando il suo ruolo nel favorire la crescita spirituale e la garanzia del perdono. Per Lutero la confessione non era solo una pratica ma un aspetto vitale del vivere la propria fede (citazione 5).

La confessione nel cristianesimo è una disciplina spirituale che promuove l'umiltà, la responsabilità e la riconciliazione. Mira a coltivare una relazione più profonda con Dio e con gli altri, consentendo ai credenti di sperimentare il potere trasformativo del perdono e della grazia di Dio.

Giacomo sottolinea l'efficacia significativa della preghiera nella guarigione sia spirituale che fisica, illustrando il suo punto con l'esempio della preghiera di Elia (Giacomo 5:17-18). Ecco i punti chiave derivati dal tuo messaggio:

Potere della preghiera : Giacomo afferma che le preghiere di una persona giusta sono potenti ed efficaci, capaci di portare liberazione spirituale e fisica per gli altri. Questa giustizia non si ottiene da sé, ma si ottiene confessando i peccati e ricevendo il perdono da Dio (citazione 1).

Efficacia della preghiera : l'efficacia della preghiera risiede nella sua capacità di attingere al potere di Dio. Serve come mezzo attraverso il quale i credenti accedono all'intervento e al provvedimento divino di Dio (citazione 2).

L'esempio di James : Storicamente, James stesso ha esemplificato una vita dedicata alla preghiera. Secondo Eusebio, attingendo da Egesippo , Giacomo era noto per la sua devota vita di preghiera, spesso pregando sinceramente per il perdono e il benessere delle persone. Questo impegno nella preghiera fu così intenso che lo colpì fisicamente, indurendo le sue ginocchia come quelle di un cammello a causa del prolungato inginocchiamento davanti a Dio (cit. 3).

Giacomo sottolinea l'importanza della preghiera come pratica centrale nella vita cristiana. Facilita la comunione personale con Dio e funge da potente strumento per intercedere a favore degli altri, dimostrando fede nella capacità di Dio di realizzare guarigione e restaurazione.

Il passaggio di Giacomo 5:13-16 affronta un contesto specifico all'interno della comunità cristiana primitiva, concentrandosi sulla relazione tra peccato, preghiera e guarigione. Ecco una ripartizione dei punti chiave del tuo messaggio:

Contesto di malattia e peccato : l'insegnamento di Giacomo sulla preghiera per i malati non è una promessa assoluta per la guarigione di tutti i disturbi fisici, ma affronta specificamente la malattia derivante da un comportamento ingiusto, in particolare i peccati che comportano l'uso improprio della parola. Sottolinea l'importanza di affrontare le cause profonde spirituali quando si cerca la guarigione (citazione 1).

Applicazione oggi : questo passaggio rimane rilevante per i credenti oggi. Incoraggia l'autoriflessione e il pentimento di fronte alle conseguenze delle azioni peccaminose, portando potenzialmente sia al ripristino spirituale che, in casi specifici, alla guarigione fisica attraverso la preghiera e la confessione (citazione 3).

Intervento divino e medico : riconoscendo che tutta la guarigione in ultima analisi viene da Dio, sia attraverso mezzi medici che attraverso interventi miracolosi, sottolinea l'approccio olistico di ricerca della competenza medica e dell'intervento divino nei momenti di malattia (citazione 1).

Giacomo 5:13-16 evidenzia l'interconnessione tra salute spirituale e fisica nel contesto cristiano. Incoraggia i credenti ad avvicinarsi a Dio in preghiera per la guarigione, in particolare nei casi in cui la malattia può essere collegata a un peccato non confessato, riconoscendo anche il ruolo dei professionisti medici come parte del provvedimento di Dio per la guarigione.

5:17 Elia era un uomo con una natura come la nostra, e pregò fervidamente che non piovesse, e per tre anni e sei mesi non piovve sulla terra. **5:18** Poi pregò di nuovo, e il cielo diede la pioggia, e la terra portò il suo frutto.

Giacomo si avvale dell'esempio di Elia per illustrare il potere e l'efficacia della preghiera, sottolineando che Elia, nonostante le sue straordinarie esperienze, era un essere umano comune con una natura umana simile a quella di chiunque altro.

Natura della preghiera di Elia : Giacomo sottolinea che l'efficacia di Elia nella preghiera non era dovuta solo al fervore delle sue richieste, ma perché pregava in modo coerente e in linea con la volontà di Dio (citazione 2). La frase "pregava sinceramente" (greco: proseuche proseuxato) evidenzia la tenacia e l'impegno di Elia nella preghiera, rendendola una parte centrale della sua interazione con Dio (citazione 3).

Influenza attraverso la preghiera : le preghiere di Elia influenzarono le azioni di Dio, in particolare nell'adempimento dei Suoi decreti, come portare la pioggia dopo una siccità (1 Re 17:1; 18:1, 41-45). Ciò dimostra che la preghiera consente ai credenti di partecipare ai piani di Dio e di influenzare determinati risultati secondo la Sua volontà (citazione 4).

Comprendere la volontà di Dio : James sottolinea l'importanza di conoscere e allinearsi alla volontà di Dio nella preghiera. La preghiera efficace è radicata nella comprensione degli scopi e delle promesse di Dio , che fornisce una solida base per credere nelle preghiere (citazione 5).

Giacomo usa Elia come esempio per incoraggiare i credenti a pregare in modo coerente e in linea con la volontà di Dio. Questo approccio evidenzia il potenziale per tutti i credenti, attraverso una vita retta e la preghiera, di vedere l'intervento e l'influenza di Dio nelle loro vite e circostanze.

Giacomo utilizza l'esempio di Elia per evidenziare l'impatto significativo della preghiera e il suo allineamento con gli scopi di Dio. Ecco una sintesi e una riflessione sui punti sollevati:

Preghiera come collaborazione con Dio : la comprensione che la preghiera è un mezzo significativo per cooperare con Dio è in linea con il Suo carattere misericordioso. Dio desidera coinvolgere i Suoi figli nella realizzazione dei Suoi piani, permettendo ai credenti di partecipare attivamente attraverso l'intercessione (citazione 2).

L'esempio di Elia : Giacomo contrappone l'approccio di Elia alla necessità di una soluzione pacifica attraverso la preghiera e la sottomissione alla volontà di Dio (citazione 3). La vita di Elia illustra come la preghiera può portare a risultati trasformativi, mostrando la reattività di Dio alle richieste del Suo popolo.

Interpretazione di Giacomo 5:13-18 : Sebbene alcune interpretazioni suggeriscano che Giacomo si riferisca specificamente allo scoraggiamento o alla depressione piuttosto che alla guarigione fisica, il contesto supporta un'applicazione più ampia. I termini greci usati per "malato" e "guarito" in Giacomo 5:14-16 si riferiscono tipicamente a disturbi fisici, e non c'è alcuna indicazione contestuale che li limiti a condizioni psicologiche (citazione 4). Giacomo probabilmente usa l'esempio della malattia per evidenziare la potenza della preghiera, incoraggiando i credenti a pregare per coloro che lottano a causa della malattia indotta dal peccato e a coltivare la pazienza nella propria vita.

Giacomo incoraggia i credenti a impegnarsi con fervore nella preghiera, comprendendone il potere di realizzare la volontà di Dio e di contribuire attivamente ai Suoi propositi di redenzione. Ciò è in linea con una narrazione biblica più ampia in cui la preghiera è descritta come un canale vitale attraverso il quale Dio interagisce con il Suo popolo e realizza i Suoi piani.

5:19 **Fratelli miei, se qualcuno tra voi si allontana dalla verità e qualcuno lo riconduce,**

Giacomo conclude la sua epistola parlando della restaurazione di un fratello o di una sorella che si è allontanato dalla fede. Questa sezione finale riassume i suoi insegnamenti nel capitolo 5. Si tratta di una linea guida generale per qualsiasi credente che possa aver vacillato in varie aree affrontate nel libro.

Ripristinare l'errore : Giacomo sottolinea che è dovere e privilegio di ogni credente, non solo degli anziani o dei leader della chiesa, assistere un compagno credente che ha deviato dalla rotta (Giacomo 5:19). Questo atto di restaurazione si inquadra nel contesto più ampio della preghiera, evidenziando l'interconnessione tra preghiera e sostegno spirituale nella comunità cristiana (cfr Ezechiele 33:1-9; Galati 6:1).

Applicazione ad altri errori : Giacomo si rivolge specificamente alla restaurazione spirituale di coloro che si sono allontanati. Tuttavia, le sue istruzioni possono essere applicate in modo più ampio a chiunque sia incappato in altri ambiti discussi in precedenza nell'epistola. In tutta la lettera, Giacomo affronta questioni come i favoritismi, la fede e le opere, il domare la lingua e il vivere secondo la saggezza di Dio. I principi della correzione, del sostegno tramite la preghiera e dell'importanza di ritornare alle vie di Dio si applicano a vari aspetti della vita cristiana.

Le osservazioni conclusive di James evidenziano l'importanza di mantenere la vigilanza spirituale, di sostenersi a vicenda nella fede e di partecipare attivamente al ripristino di coloro che si sono allontanati. Questo approccio promuove una comunità cristiana sana e solidale. Riflette i valori fondamentali del perdono, della grazia e dell'impegno a vivere fedelmente secondo la volontà di Dio.

5:20 **gli faccia sapere che chiunque riconduce un peccatore dal suo cammino, salverà la sua anima dalla morte e coprirà molti peccati.**

Giacomo conclude la sua epistola affrontando la restaurazione di un credente sviato, evidenziando la natura globale della redenzione spirituale e del perdono all'interno della comunità cristiana.

Anima salvata dalla morte : Giacomo usa il termine "anima" per comprendere l'intera persona, in modo simile al suo uso in altre parti dell'epistola (Giacomo 1:21). L'espressione "salvati dalla morte" si riferisce alla distruzione temporale piuttosto che alla dannazione eterna (cfr 1 Corinzi 3,15; 1 Gv 5,16). Mette in risalto la restaurazione e il salvataggio del credente che si è allontanato dal cammino della fede. I molti peccati dello sviato vengono perdonati e coperti attraverso il pentimento e la restaurazione spirituale, attingendo alle immagini dell'Antico Testamento in cui il perdono è spesso descritto come la copertura del peccato.

Soluzioni pratiche a problemi spirituali : in tutta la sua epistola, Giacomo affronta cinque sfide pratiche che i credenti incontrano mentre cercano di vivere la propria fede: prove, parzialità, parole, conflitti e denaro. Identifica questi problemi, approfondisce le loro cause sottostanti, identifica i fattori complicanti e prescrive rimedi per superarli. L'approccio di James è simile a quello di un medico esperto che diagnostica i disturbi e offre cure per promuovere la maturità spirituale tra i suoi lettori.

Rilevanza duratura : la natura pratica degli insegnamenti di Giacomo, la sua analisi approfondita e la prescrizione di soluzioni hanno contribuito alla popolarità duratura e al valore senza tempo di questa epistola nel ministero cristiano. Affrontando i problemi della vita reale con profondità spirituale e saggezza pratica, James fornisce ai credenti un quadro per crescere nella fede, affrontare le sfide con saggezza e promuovere una comunità segnata dalla grazia, dal perdono e dalla crescita spirituale.

L'epistola di Giacomo affronta specifici problemi pratici che i credenti devono affrontare. Offre principi e soluzioni duraturi radicati nella fede, nella saggezza e nella maturità spirituale. La sua rilevanza abbraccia secoli ed è in risonanza con i credenti che cercano di affrontare le sfide della vita rimanendo fedeli alla volontà e agli insegnamenti di Dio.

Capitolo 5 Riepilogo

Avvertimento ai ricchi oppressori (Giacomo 5:1-6): Giacomo mette in guardia severamente i ricchi oppressori che hanno sfruttato i poveri. Denuncia il loro lussuoso stile di vita e le ingiustizie che commettono, inclusa la negazione del giusto salario ai lavoratori che falciano i loro campi. Giacomo profetizza un giudizio su di loro, sottolineando che la loro ricchezza alla fine si corroderà e testimonierà contro di loro negli ultimi giorni.

Pazienza nella sofferenza (Giacomo 5:7-12): Giacomo incoraggia i credenti ad essere pazienti di fronte alla sofferenza e alle difficoltà, proprio come i contadini aspettano pazientemente il raccolto. Li esorta a rafforzare il loro cuore perché la venuta del Signore è vicina . James sconsiglia di brontolare e fare giuramenti, sostenendo invece un discorso diretto radicato nell'onestà e nell'integrità.

Il potere della preghiera (Giacomo 5:13-18): Giacomo sottolinea l'importanza e l'efficacia della preghiera in varie situazioni. Incoraggia coloro che soffrono a pregare e coloro che sono allegri a cantare lodi. Giacomo si rivolge specificamente ai malati, ordinando loro di chiedere agli anziani della chiesa di pregare su di loro e di ungerli con olio nel nome del Signore. Sottolinea il potere delle preghiere ferventi, citando Elia come un uomo giusto le cui preghiere portarono risultati significativi, in particolare in caso di pioggia e siccità.

Ristabilire il credente che ha sbagliato (Giacomo 5:19-20): Giacomo conclude la sua epistola affrontando la responsabilità dei credenti di restaurare coloro che si sono allontanati dalla verità. Sottolinea l'importanza di riportare indietro il fratello o la sorella smarriti. Ricorda loro che un simile atto copre una moltitudine di peccati. Giacomo sottolinea il guidarci amorevolmente gli uni gli altri alla fedeltà, adempiendo la legge di Cristo.

Temi in James Capitolo 5:

- **Giustizia sociale e compassione:** James critica l'oppressione dei poveri da parte dei ricchi e chiede giustizia e un trattamento equo.

- **Pazienza e perseveranza:** i credenti sono incoraggiati a sopportare pazientemente le prove, aspettando la venuta del Signore con fede salda.

- **Il potere della preghiera:** la preghiera è presentata come uno strumento potente sia in contesti personali che comunitari, dimostrando la sua efficacia nella guarigione e nel restauro spirituale.

- **Responsabilità della comunità:** i credenti sono responsabili del benessere spirituale reciproco, compreso il sostegno con la preghiera e il ripristino amorevole di coloro che si sono allontanati.

Punti chiave:

- Giacomo sottolinea la necessità di una fede genuina espressa attraverso opere di compassione e giustizia.
- Il capitolo evidenzia il ruolo della preghiera nel cercare l'intervento e la guarigione di Dio.
- La restaurazione e la riconciliazione all'interno della comunità cristiana sono essenziali per vivere la fede.

Il capitolo 5 di Giacomo offre una guida pratica sulla giustizia sociale, sulla resistenza nella sofferenza, sul potere della preghiera e sulla responsabilità dei credenti di restaurarsi a vicenda nell'amore e nella verità. Si conclude con un appello alla vita fedele, anticipando il ritorno del Signore.

Capitolo 5 Preghiera

Padre celeste,

Veniamo davanti a te con il cuore pieno di gratitudine per la tua presenza nella nostra vita. Grazie per la saggezza e la guida nella tua Parola, specialmente nelle parole di Giacomo capitolo 5. Mentre riflettiamo su questi insegnamenti, Signore, ci viene ricordata l'importanza della fede, della pazienza e della preghiera nel nostro cammino quotidiano con te.

Padre, solleviamo quelli tra noi che stanno affrontando prove e difficoltà. Concedi loro la forza di resistere, sapendo che ci sei vicino e che i tuoi progetti sono sempre per il nostro bene. Aiutaci ad essere pazienti, come il contadino che attende il frutto prezioso della terra, confidando nei tuoi tempi perfetti.

Preghiamo per coloro che sono malati tra noi, sia fisicamente che spiritualmente. Possano trovare guarigione e ristoro attraverso il tuo potente potere. Chiediamo la tua saggezza agli anziani della nostra chiesa mentre pregano per i malati e li ungono con olio. Possa il tuo tocco curativo portare conforto e rinnovamento a chi è nel bisogno.

Signore, confessiamo davanti a te i nostri peccati, sapendo che il tuo perdono copre una moltitudine di torti. Aiutaci a vivere una vita di integrità e onestà, parlando gli uni con gli altri in modo sincero e amorevole. Guidaci nelle nostre relazioni affinché possiamo essere pronti a perdonare ed essere desiderosi di restaurare coloro che si sono allontanati dalla verità.

Padre, ti ringraziamo per il privilegio della preghiera, sapendo che è attraverso la preghiera che collaboriamo con te nei tuoi scopi divini. Possano le nostre preghiere essere ferventi ed efficaci, confidando nel tuo potere di apportare cambiamenti miracolosi nella nostra vita e nel mondo.

Infine, Signore, aiutaci a essere vigilanti e fedeli mentre aspettiamo la venuta di tuo Figlio, Gesù Cristo. Mantienici saldi nella nostra fede, pieni di speranza e di attesa del tuo glorioso ritorno.

Nel nome di Gesù, preghiamo,

Amen.

Capitolo 5 Domande

Cosa insegna Giacomo riguardo alla ricchezza e alla sua natura temporale?

Cosa dice James riguardo ai salari dei lavoratori che sono stati trattenuti?

In che modo Giacomo incoraggia i credenti che soffrono?

Cosa sottolinea Giacomo riguardo alla pazienza nella sofferenza?

Cosa comanda Giacomo a coloro che soffrono?

Qual è la promessa associata alla preghiera della fede?

Quale esempio fornisce Giacomo per illustrare il potere della preghiera?

Cosa comanda Giacomo ai credenti se qualcuno si allontana dalla verità?

Cosa dice Giacomo riguardo ai giuramenti?

Come descrive Giacomo la preghiera efficace di una persona giusta?

Cosa dice James riguardo al lamentarsi l'uno contro l'altro?

Cosa dice Giacomo di coloro che hanno vissuto nel lusso e nell'autoindulgenza?

Cosa dice Giacomo riguardo alla preghiera offerta con fede?

Quale esempio tratto dall'Antico Testamento utilizza Giacomo per illustrare il suo insegnamento sulla preghiera?

Come descrive Giacomo la venuta del Signore?

Cosa dice Giacomo dei ricchi che opprimono gli altri?

Quali istruzioni dà Giacomo riguardo ai giuramenti?

Cosa dice Giacomo riguardo al confessarsi i peccati gli uni agli altri?

Qual è la promessa associata al riportare indietro un vagabondo dalla verità?

Qual è il tema generale del capitolo 5 di Giacomo?

del libro di Giacomo

Il Libro di Giacomo, attribuito a Giacomo, il fratello di Gesù, è una lettera pratica e istruttiva che affronta varie questioni affrontate dai primi cristiani. Ecco un riepilogo dettagliato:

Introduzione (Giacomo 1:1): Giacomo si presenta come un servitore di Dio e del Signore Gesù Cristo, sottolineando l'umiltà e la sua autorità come leader nella chiesa primitiva.

Perseveranza e maturità (Giacomo 1:2-18): Giacomo incoraggia i credenti a considerare le prove come opportunità di crescita nella fede e nella perseveranza. Insegna che Dio dona generosamente la saggezza a coloro che chiedono con fede e mette in guardia dall'essere doppi.

Ascoltare e mettere in pratica la Parola (Giacomo 1:19-27): Giacomo sottolinea l'obbedienza alla Parola di Dio. Egli contrappone la vera religione, prendersi cura delle vedove e degli orfani e mantenersi puri dal mondo, con i meri rituali religiosi.

Favoritismo e fede (Giacomo 2:1-26): Giacomo condanna la parzialità e il favoritismo all'interno della chiesa, ricordando ai credenti che la vera fede è dimostrata dalle azioni. Usa esempi come il trattamento dei ricchi e dei poveri e l'esempio di Abramo per illustrare la fede che funziona.

Domare la lingua (Giacomo 3:1-12): Giacomo si rivolge al potere della lingua, mettendo in guardia contro il suo potenziale dannoso ed esortando i credenti a usarla per benedire e non per maledire. Paragona la lingua a un piccolo timone che dirige una nave.

Saggezza dall'alto (Giacomo 3:13-18): Giacomo contrappone la saggezza terrena, caratterizzata da gelosia e ambizione egoistica, con la saggezza dall'alto, che è pura, pacifica, gentile e misericordiosa. Incoraggia i credenti a perseguire la saggezza attraverso l'umiltà.

Avvertimento contro la mondanità (Giacomo 4:1-17): Giacomo affronta atteggiamenti mondani come l'ambizione egoistica, i litigi e la brama. Invita i credenti ad umiliarsi davanti a Dio, a resistere al diavolo e ad avvicinarsi a Dio attraverso il pentimento e la sottomissione.

Denunciare l'oppressione e confidare in Dio (Giacomo 5:1-12): Giacomo condanna i ricchi che opprimono i poveri e trattengono il salario. Esorta alla pazienza e alla perseveranza nella sofferenza, sottolineando il giudizio imminente e la necessità di confidare nella giustizia di Dio.

Il potere della preghiera (Giacomo 5:13-20): Giacomo sottolinea l'importanza della preghiera nei momenti di sofferenza, malattia e gioia. Incoraggia a confessare i peccati gli uni agli altri, a pregare per la guarigione e a ripristinare coloro che si allontanano dalla verità.

Conclusione (Giacomo 5:19-20): Giacomo conclude esortando i credenti a riportare indietro coloro che si sono allontanati dalla verità, sapendo che questo salverà le anime e coprirà molti peccati.

Temi:

- **Fede e opere:** Giacomo insegna che la fede genuina in Cristo è dimostrata da una vita di obbedienza e di buone opere.
- **Saggezza:** sottolinea l'importanza della ricerca quotidiana e dell'applicazione della saggezza di Dio.
- **Controllo della lingua:** il potere della parola e il suo potenziale di bene o di male è un tema ricorrente.
- **Umiltà e sottomissione:** Giacomo invita i credenti a umiliarsi davanti a Dio e a sottomettersi alla Sua volontà.
- **Giustizia e cura per gli altri:** sostiene la giustizia, la cura per gli emarginati e il trattamento etico degli altri.
- **Perseveranza e pazienza:** di fronte alle prove e alla sofferenza, Giacomo incoraggia la perseveranza e la pazienza, sapendo che Dio ricompensa coloro che perseverano.

Il Libro di Giacomo è una guida pratica per la vita cristiana, incentrata sulla fede genuina, sulla condotta saggia e sull'importanza di vivere le proprie convinzioni attraverso azioni che onorano Dio e portano beneficio agli altri.

PARTE 3: Metti alla prova le tue conoscenze

<u>Domande Vero o Falso</u>

Vero o falso: Giacomo, l'autore dell'epistola, si identifica come il fratello di Gesù.

Vero o falso: secondo James, le prove e le prove dovrebbero essere considerate gioia perché producono resistenza e maturità.

Vero o falso: Giacomo insegna che Dio tenta le persone con desideri malvagi per mettere alla prova la loro fede.

Vero o falso: Giacomo mette in guardia dal limitarsi ad ascoltare la parola senza fare ciò che dice, paragonandolo al guardarsi allo specchio e dimenticare il proprio aspetto.

Vero o falso: Giacomo sostiene che la fede senza le opere è morta, usando l'esempio di Abramo che offre Isacco come prova che la fede è dimostrata dalle azioni.

Vero o falso: Giacomo condanna il favoritismo mostrato ai ricchi nelle riunioni ecclesiali e sollecita a trattare tutte le persone allo stesso modo.

Vero o falso: secondo Giacomo la lingua è una piccola parte del corpo ma può vantarsi di grandi cose e infiammare tutto il corso della propria vita.

Vero o falso: Giacomo insegna che la saggezza terrena porta alla pace e all'armonia tra i credenti.

Vero o falso: Giacomo incoraggia i credenti a resistere al diavolo, ad avvicinarsi a Dio e a purificare i loro cuori, mettendo in guardia contro la doppiezza mentale .

Vero o falso: James critica chi si vanta dei propri progetti per il futuro senza riconoscere la volontà di Dio.

Vero o falso: James denuncia i ricchi oppressori che hanno accumulato ricchezza a scapito del pagamento di salari equi ai loro lavoratori.

Vero o falso: Giacomo incoraggia la pazienza e la perseveranza nella sofferenza, usando i profeti e Giobbe come esempi di perseveranza.

Vero o falso: secondo James, prestare giuramento è accettabile quando si fanno promesse o impegni importanti.

Vero o falso: Giacomo insegna che la preghiera offerta con fede può guarire i malati e risanarli, incoraggiando i credenti a confessare i propri peccati gli uni agli altri per la guarigione.

Vero o falso: Giacomo afferma che Elia era un uomo con una natura come la nostra, evidenziando la potenza delle sue preghiere come esempio di preghiera efficace e fervente.

Vero o falso: Giacomo conclude la sua epistola esortando i credenti a riportare indietro coloro che si sono allontanati dalla verità e a coprire molti peccati attraverso l'amore e il perdono.

Vero o falso: Giacomo sottolinea che la saggezza terrena, caratterizzata da invidia e ambizione egoistica, è migliore della saggezza dall'alto, che è pura e pacifica.

Vero o falso: Giacomo incoraggia i credenti ad essere pronti ad ascoltare, lenti a parlare e lenti ad arrabbiarsi, sottolineando l'importanza di controllare la propria lingua.

Vero o falso: secondo James, la vera religione include prendersi cura delle vedove e degli orfani e mantenersi puri dal mondo.

Vero o falso: Giacomo insegna che una persona che sa il bene che deve fare e non lo fa pecca.

<u>Domande a scelta multipla</u>

Secondo Giacomo, quale dovrebbe essere la risposta dei credenti che affrontano le prove?

- A) Amarezza

- B) Gioia
- C) Risentimento
- D) Indifferenza

Secondo James, cosa dovrebbe chiedere una persona quando manca di saggezza?

- R) Pazienza
- B) Ricchezza
- C) Dubbio
- D) La saggezza di Dio

A cosa Giacomo paragona la fede senza le opere?

- A) Un cadavere
- B) Una nuvola senza pioggia
- C) Un'ombra nella notte
- D) Un momento fugace

James mette in guardia dal mostrare favoritismi verso chi?

- A) I poveri
- B) I ricchi
- C) Gli anziani
- D) I malati

Cosa dice James che è una piccola parte del corpo ma che vanta grandi cose?

- A) La lingua
- B) Il cuore
- C) La mano
- D) L'occhio

Secondo Giacomo, quale tipo di saggezza porta al disordine e ad ogni pratica malvagia?

- A) Saggezza terrena
- B) Saggezza celeste
- C) Saggezza intellettuale
- D) Saggezza morale

Cosa chiede Giacomo ai credenti di fare in risposta alla sofferenza e ai problemi?

- A) Cercare vendetta
- B) Conta tutta la gioia
- C) Lamentarsi ad alta voce
- D) Nascondersi da esso

James incoraggia i credenti ad essere operatori della parola, non solo _____.

- A) Uditori
- B) Pensatori
- C) Lettori
- D) Scrittori

Quale delle seguenti parole, secondo James, non dovrebbe provenire dalla stessa bocca?

- A) Benedizione e maledizione
- B) Lodare e criticare
- C) Parlare e ascoltare
- D) Insegnare e apprendere

James paragona la vita dei ricchi a cosa?

- A) Una brezza passeggera
- B) Un fiore che appassisce
- C) Un leone ruggente
- D) Un'ombra fugace

Qual è, secondo Giacomo, la fonte delle liti e dei conflitti tra i credenti?

- A) Invidia e ambizione egoistica
- B) Mancanza di preghiera
- C) Scarsa leadership
- D) Ignoranza delle Scritture

Giacomo insegna che la preghiera della fede chi salverà?

- A) I ricchi e i potenti
- B) Il giusto e il santo
- C) I malati e i sofferenti
- D) Gli anziani e i saggi

Cosa dice Giacomo che si dovrebbe fare per qualcuno malato tra i credenti?

- R) Dovrebbero pregare da soli
- B) Invitare gli anziani della chiesa a pregare e ungerli con olio
- C) Rivolgersi esclusivamente al medico
- D) Ignorare la loro malattia

James condanna coloro che pianificano la propria vita senza riconoscere la volontà di chi?

- A) Loro
- B) Del governo

- C) Di Dio
- D) Del destino

Che cosa secondo Giacomo è la religione pura e incontaminata davanti a Dio?

- A) Astenersi dai piaceri mondani
- B) Visitare gli orfani e le vedove in difficoltà
- C) Digiunare e pregare ogni giorno
- D) Donare generosamente alla Chiesa

Secondo James, perché i credenti dovrebbero essere lenti a parlare e lenti all'ira?

- A) Per evitare di offendere gli altri
- B) Coltivare la saggezza e la rettitudine
- C) Mantenere un ambiente pacifico
- D) Dimostrare umiltà e mitezza

James avverte che l'amicizia con il mondo è cosa?

- R) Innocuo
- B) Redditizio
- C) Inimicizia con Dio
- D) Un segno di maturità

Giacomo istruisce i credenti a sottomettersi a Dio e a resistere a chi?

- R) Il diavolo
- B) I loro coetanei
- C) Figure di autorità
- D) I propri desideri

Secondo Giacomo, cosa è il risultato della pazienza e della perseveranza nella sofferenza?

- A) Ricchezza e prosperità
- B) Felicità e realizzazione
- C) Vita eterna
- D) Corona della vita

Secondo James, cosa dovrebbe fare una persona se conosce il bene che dovrebbe fare e non lo fa?

- A) Pentirsi e confessarsi
- B) Cercare il perdono di Dio
- C) Pregare per avere forza
- D) Per loro è un peccato

<u>Domande da riempire</u>

James inizia la sua lettera incoraggiando i credenti a considerarlo puro __________ ogni volta che affrontano prove di vario tipo.

"Non limitatevi ad ascoltare la parola per ingannare voi stessi. __________ essa."

"La religione che Dio nostro Padre accetta come pura e irreprensibile è questa: prendersi cura degli orfani e delle vedove nelle loro distrette e astenersi da __________."

"Ma l'uomo che guarda attentamente la legge perfetta che dà la libertà e continua a fare questo, non dimenticando ciò che ha udito, ma facendolo—__________—sarà beato in quello che fa."

"A che serve, fratelli miei, se uno dice di avere fede ma non ha __________?"

"Vedi che una persona è giustificata da ciò che fa e non solo da __________."

"Ma la saggezza che viene dal cielo è prima di tutto __________."

"Sottomettetevi dunque a Dio. __________ ed egli fuggirà da voi."

"Qualcuno di voi è nei guai? Dovrebbe __________."

" Confessatevi dunque a vicenda i vostri peccati e __________."

"La preghiera di un uomo giusto è __________."

"Elia era un uomo proprio come noi. Pregò sinceramente che non __________, e non piovve sulla terra per tre anni e mezzo."

"Fratelli miei, se uno di voi dovesse allontanarsi dalla verità e qualcuno lo riconducesse indietro, ricordatevi questo: chi distoglie un peccatore dal suo errore, lo salverà da __________."

"Soprattutto, fratelli miei, non giurate, né sul cielo, né sulla terra, né su qualsiasi altra cosa. Lasciate che il vostro 'Sì' sia __________."

"Siate dunque pazienti, fratelli, fino alla venuta del Signore. Ecco come il contadino __________."

"Anche la lingua è un __________, un mondo di male tra le parti del corpo."

"Non hai perché non __________."

"Umiliatevi davanti al Signore, ed egli __________."

"Ma la saggezza che viene dal cielo è __________."

" Confessate dunque i vostri peccati gli uni agli altri e pregate gli uni per gli altri affinché possiate essere __________."

<u>Domande a risposta breve</u>

Cosa dice Giacomo riguardo alle prove e al loro scopo?

Secondo Giacomo, quale dovrebbe essere la nostra risposta alla parola di Dio?

Come descrive Giacomo la religione pura?

Quale avvertimento dà Giacomo riguardo alla lingua?

Come descrive Giacomo la fede senza le opere?

Quale esempio usa Giacomo per illustrare la fede e le opere?

Cosa insegna James sull'amicizia con il mondo?

Secondo James, come dovrebbero i credenti gestire i conflitti e i litigi?

Cosa insegna Giacomo riguardo alla pazienza e alla perseveranza nelle prove?

Come descrive Giacomo la preghiera?

Cosa dice James riguardo al vantarsi del futuro?

Secondo James, come dovrebbero i credenti trattare i poveri e i ricchi?

Che consigli dà Giacomo riguardo ai giuramenti?

Come definisce Giacomo la vera saggezza?

Cosa dice Giacomo dei ricchi che opprimono i poveri?

Secondo Giacomo, come dovrebbero rispondere i credenti al peccato?

Come descrive Giacomo il giusto atteggiamento verso la legge di Dio?

Cosa dice Giacomo sulla fede e sulle opere riguardo alla giustificazione?

In che modo Giacomo incoraggia i credenti a sopportare sofferenze e prove?

Cosa insegna Giacomo riguardo al potere della preghiera riguardo a Elia?

Bibliografia

Adamson, JB, 1976. *L'epistola di Giacomo* . Nuovo Commento Internazionale alla serie del Nuovo Testamento. Grand Rapids: Wm. B. Eerdmans Publishing Co., ristampa ed. 1984.

Alford, H., 1880-1884. *Il Testamento greco* . 4 voll. Nuova ed. Cambridge: Deighton, Bell e Co.

Barclay, W., 1964. *Le lettere di Giacomo e Pietro* . La serie della Bibbia per lo studio quotidiano. 2a ed. Edimburgo: Saint Andrew Press.

Barclay, W., 1964. *Parole del Nuovo Testamento* . Londra: SCM.

Baxter, JS, 1960. *Esplora il libro* . Un vol. ed. Grand Rapids: Casa editrice Zondervan, 1980.

Brooks, KL, 1962. *James: fede nell'azione* . Insegna a te stesso la serie della Bibbia. Chicago: Moody Bible Institute.

Campbell, KD, 2017. Lamento in Giacomo e il suo significato per la Chiesa. *Giornale della Società Teologica Evangelica* , 60(1), pp.125-38.

Carson, DA & Moo, DJ, 2005. *Un'introduzione al Nuovo Testamento* . 2a ed. Grand Rapids: Zondervan.

Cedar, Pennsylvania, 1984. *James, 1, 2 Peter, Jude* . La serie di commenti del comunicatore. Waco: libri di parole.

Darby, JN, 1942. *Sinossi dei libri della Bibbia* . Ed. riveduta. 5 voll. New York: editori Loizeaux Brothers.

Davids, PH, 1982. *L'epistola di Giacomo* . Serie di commenti sul Nuovo Testamento Greco Internazionale. Grand Rapids: Wm. B.Eerdmans Publishing Co.

Guthrie, D., 1962. *Introduzione al Nuovo Testamento: dagli Ebrei all'Apocalisse* . 2a ed. ristampato. Londra: Tyndale Press.

Henry, M., 1961. *Commento all'intera Bibbia* . Un volume ed. A cura di Leslie F. Chiesa. Grand Rapids: Zondervan Publishing Co.

Ice, TD, 1994. Ermeneutica dispensazionale. In: WR Willis e JR Master, eds. *Problemi di dispensazionalismo* . Chicago: Moody Press, pp.29-49.

Jamieson, R., Fausset, AR e Brown, D., 1961. *Commento pratico ed esplicativo sull'intera Bibbia* . Ristampa ed. Grand Rapids: Casa editrice Zondervan.

Giuseppe Flavio, F., 1866. *Le opere di Flavio Giuseppe Flavio* . Tradotto da William Whiston. Londra: T. Nelson and Sons, ristampa ed. 1988. Peabody, Massachusetts: Hendrickson Publishers.

Ladd, GE, 1974. *Una teologia del Nuovo Testamento* . Grand Rapids: Wm. B. Eerdmans Publishing Co., ristampa ed. 1979.

Lenski, RCH, 1963. *L'interpretazione della Lettera agli Ebrei e della Lettera di Giacomo* . Ristampa ed. Minneapolis: casa editrice di Augusta.

McGee, JV, 1983. *Attraverso la Bibbia con J. Vernon McGee* . 5 voll. Pasadena, California: Attraverso The Bible Radio; e Nashville: Thomas Nelson, Inc.

Moo, DJ, 1985. *La lettera di James* . Serie di commenti sul Nuovo Testamento di Tyndale. Grand Rapids: Wm. B.Eerdmans Publishing Co.

Morgan, GC, 1912. *Messaggi viventi dei libri della Bibbia* . 2 voll. New York: Fleming H. Revell Co.

Pentecoste, JD, 1971. Lo scopo della legge. *Bibliotheca Sacra* , 128(511), pp.227-33.

Ryrie, CC, 1959. *Teologia biblica del Nuovo Testamento* . Chicago: Moody Press.

Stott, JRW, 1964. *Introduzione di base al Nuovo Testamento* . 1a edizione americana. Grand Rapids: Wm. B.Eerdmans Publishing Co.

Swindoll, CR, 2017. *La Bibbia per lo studio di Swindoll* . Carol Stream, Illinois: Tyndale House Publishers.

Tenney, MC, 1953. *Il Nuovo Testamento: un'indagine storica e analitica* . Grand Rapids: Wm. B. Eerdmans Publishing Co., ristampa ed. 1957.

Thiessen, HC, 1943. *Introduzione al Nuovo Testamento* . Grand Rapids: Wm. B. Eerdmans Publishing Co., ristampa ed. 1962.

Wiersbe , WW, 1978. *Sii maturo* . BE Libri serie. Wheaton: Pubblicazioni della Scrittura Pressa, Victor Books.

Winkler, ET, 1888. Commento all'epistola di Giacomo. In: A. Hovey, ed. *Un commento americano al Nuovo Testamento* . Ristampa ed. Filadelfia: American Baptist Press.

Guida alle risposte

Qual è la ragione principale per cui Giacomo dice che i credenti dovrebbero considerare tutta una gioia quando affrontano varie prove?

- Perché la prova della loro fede produce perseveranza (Giacomo 1:2-3).

Qual è il risultato finale nel lasciare che la perseveranza finisca il suo lavoro?

- Affinché i credenti siano maturi e completi, non manchi di nulla (Giacomo 1:4).

Cosa dovrebbe fare un credente se manca di saggezza?

- Dovrebbero chiedere a Dio, che dona generosamente a tutti senza trovare difetti, e sarà loro dato (Giacomo 1:5).

Come dovrebbe un credente chiedere saggezza?

- Con fede, senza dubbio (Giacomo 1:6).

Cosa succede a una persona che dubita quando chiede saggezza?

- Sono come un'onda del mare, spinta e agitata dal vento, e non dovrebbero aspettarsi di ricevere nulla dal Signore (Giacomo 1:6-7).

Come viene descritta una persona che dubita?

- Di mente doppia e instabili in tutto ciò che fanno (Giacomo 1:8).

Come dovrebbero vedere la loro situazione i credenti di circostanze umili?

- Dovrebbero essere orgogliosi della loro posizione elevata (Giacomo 1:9).

Come dovrebbero vedere i ricchi la loro situazione?

- Dovrebbero essere orgogliosi della loro umiliazione perché moriranno come fiori di campo (Giacomo 1:10).

Quale analogia usa James per descrivere la natura temporanea della ricchezza?

- I ricchi scompariranno anche mentre fanno affari, come un sole cocente fa seccare una pianta e il suo fiore cade (Giacomo 1:11).

Cosa è promesso a chi persevera nella prova?

- Riceveranno la corona della vita che il Signore ha promesso a coloro che Lo amano (Giacomo 1:12).

Cosa non dovrebbe dire nessuno quando è tentato?

- "Dio mi sta tentando", perché Dio non può essere tentato dal male, né tenta nessuno (Giacomo 1:13).

Come avviene la tentazione, secondo James?

- Ogni persona è tentata quando viene trascinata via dai propri desideri malvagi e adescata (Giacomo 1:14).

Qual è la progressione del peccato descritta in Giacomo 1:15?

- Il desiderio concepisce e genera il peccato; quando è maturo, il peccato genera la morte (Giacomo 1:15).

Su cosa non dovrebbero lasciarsi ingannare i credenti?

- Ogni dono buono e perfetto viene dall'alto, discende dal Padre delle luci celesti, che non muta come ombre mutevoli (Giacomo 1:16-17).

Come ha scelto Dio di farci nascere?

- Attraverso la parola di verità, potremmo essere le primizie di tutto ciò che Egli ha creato (Giacomo 1:18).

Come dovrebbero rispondere i credenti all'ascolto della Parola di Dio?

- Dovrebbero essere pronti ad ascoltare, lenti a parlare e lenti ad arrabbiarsi (Giacomo 1:19).

Perché i credenti dovrebbero liberarsi di tutta la sporcizia e il male morale?

- Perché ostacola la loro capacità di accogliere con umiltà la Parola piantata in loro, che può salvarli (Giacomo 1:21).

Cosa dice Giacomo riguardo al semplice ascolto della Parola?

- Non limitatevi ad ascoltare la Parola per ingannare voi stessi. Fai quello che dice (Giacomo 1:22).

Come descrive Giacomo qualcuno che ascolta la Parola ma non fa quello che dice?

- Sono come qualcuno che si guarda in uno specchio e, dopo essersi guardato, se ne va e subito dimentica il suo aspetto (Giacomo 1:23-24).

Cosa è promesso a chi guarda attentamente la legge perfetta che dona la libertà e continua in essa?

- Saranno benedetti in ciò che faranno (Giacomo 1:25).

Capitolo 2 Risposte

Da cosa mette in guardia James nel capitolo 2?

- Mostrare favoritismi o parzialità in base alle apparenze esteriori (Giacomo 2:1-4).

Secondo James, come dovrebbero trattare i cristiani i ricchi e i poveri?

- Con uguale rispetto e amore, senza mostrare favoritismi (Giacomo 2:1-9).

Quale analogia usa Giacomo per illustrare il punto riguardo alla fede e alle opere?

- Paragona la fede senza le opere al dire a una persona affamata: "Vai in pace, scaldati e saziati", senza provvedergli dei bisogni fisici (Giacomo 2:15-16).

Come descrive Giacomo la fede senza le opere?

- Come morto (Giacomo 2:17).

Quale figura dell'Antico Testamento utilizza Giacomo per illustrare la fede dimostrata attraverso le opere?

- Abramo, che offrì Isacco sull'altare (Giacomo 2:21-23).

Chi altro usa Giacomo come esempio di fede mostrata attraverso le opere?

- Rahab, la prostituta, nascose le spie e salvò la sua famiglia (Giacomo 2:25).

Cosa sostiene Giacomo riguardo alla fede e alle opere?

- Quella fede senza le opere è inefficace e non può salvare (Giacomo 2:14, 17, 26).

Come risponde Giacomo a qualcuno che afferma di avere fede ma non ha opere?

- Li sfida a dimostrare la loro fede attraverso le azioni (Giacomo 2:18).

Secondo Giacomo, come sono collegate fede e opere?

- La fede è dimostrata e resa completa dalle opere (Giacomo 2:22).

Cosa dice Giacomo riguardo all'importanza di obbedire a tutta la legge?

- Afferma che infrangere una parte della legge rende una persona colpevole di infrangere l'intera legge (Giacomo 2:10-11).

Cosa insegna Giacomo riguardo alla misericordia e al giudizio?

- Quella misericordia trionfa sul giudizio (Giacomo 2:13).

In che modo Giacomo sfida i suoi lettori riguardo alla loro fede?

- Li sfida a mostrare la loro fede attraverso azioni e parole (Giacomo 2:18).

Quale esempio usa Giacomo per sottolineare il punto relativo alla fede e alle opere?

- L'esempio di dare vestiti e cibo a un fratello o una sorella bisognosi (Giacomo 2:15-16).

Secondo Giacomo, che tipo di fede hanno i demoni?

- Credono nell'esistenza di Dio e tremano, ma la loro fede non è una fede salvifica (Giacomo 2:19).

Come descrive James la legge della libertà?

- La legge reale comanda l'amore per il nostro prossimo come facciamo noi (Giacomo 2:8).

Cosa dice Giacomo della fede priva di opere?

- Che è morto (Giacomo 2:17).

Cosa intende Giacomo con essere giustificato per le opere?

- Queste opere sono la prova o il frutto di una fede genuina e salvifica (Giacomo 2:21-24).

Secondo Giacomo, come dovrebbero trattare i credenti coloro che partecipano alla loro assemblea?

- Con uguale rispetto e ospitalità, indipendentemente dalla loro ricchezza o status (Giacomo 2:1-4).

Qual è il messaggio principale che Giacomo vuole che i suoi lettori comprendano riguardo alla fede e alle opere?

- Quella fede genuina produce naturalmente buone opere, prova visibile di un cuore trasformato (Giacomo 2:14-26).

Come conclude Giacomo il suo discorso su fede e opere?

Affermando che la fede senza le opere è morta, sottolineando l'importanza di dimostrare la fede attraverso le azioni (Giacomo 2:26).

Capitolo 3 Risposte

Che cosa sottolinea Giacomo come aspetto cruciale della maturità cristiana nel capitolo 3?

- James sottolinea l'importanza del controllo della lingua.

Secondo James, perché si dovrebbe aspirare ad essere un insegnante nella chiesa?

- Giacomo avverte che gli insegnanti saranno giudicati più severamente per le loro parole e azioni (Giacomo 3:1).

Quali illustrazioni usa Giacomo per illustrare il potere della lingua?

- Giacomo paragona la lingua al morso nella bocca di un cavallo e al timone di una nave (Giacomo 3:3-4).

Quale analogia usa James per descrivere come la lingua può innescare conseguenze significative?

- Giacomo paragona la lingua a una piccola scintilla che può incendiare una foresta (Giacomo 3:5-6).

Quale contrasto traccia James tra le capacità della lingua e il suo potenziale dannoso?

- Giacomo sottolinea che mentre la lingua può lodare Dio, può anche maledire gli altri esseri umani, cosa che paragona a una sorgente che produce acqua fresca e amara (Giacomo 3:9-12).

Secondo James, che tipo di saggezza è terrena e demoniaca?

- La saggezza terrena è caratterizzata da gelosia, ambizione egoistica e disordine (Giacomo 3:14-16).

Quali sono le caratteristiche della saggezza dall'alto, come descritta da Giacomo?

- La saggezza dall'alto è pura, pacifica, gentile, ragionevole, piena di misericordia e di buoni frutti, imparziale e sincera (Giacomo 3:17).

In che modo James collega la saggezza con la costruzione della pace?

- Giacomo afferma che coloro che sono saggi semineranno semi di pace e raccoglieranno un raccolto di giustizia (Giacomo 3:18).

Cosa mette in guardia Giacomo sui pericoli del parlare incontrollato?

- Giacomo avverte che una lingua incontrollata può portare a risultati distruttivi ed è difficile da domare (Giacomo 3:7-8).

Quale principio spirituale sottolinea Giacomo riguardo al potere della lingua?

- Giacomo sottolinea che la lingua, sebbene piccola, ha il potere di dirigere e influenzare come il timone di una nave (Giacomo 3:4-5).

In che modo Giacomo usa le analogie della natura per illustrare i suoi punti sulla lingua?

- Giacomo paragona la lingua a un morso nella bocca di un cavallo e a una piccola scintilla che può accendere un incendio nella foresta, sottolineandone la potenza e il potenziale di distruzione (Giacomo 3:3-6).

Perché James mette in guardia dal cercare di diventare insegnante?

- Giacomo avverte che gli insegnanti saranno giudicati più severamente a causa della loro influenza e responsabilità nel guidare gli altri (Giacomo 3:1).

Quali sono secondo James alcune caratteristiche della saggezza terrena?

- La saggezza terrena è caratterizzata da gelosia, ambizione egoistica e disordine (Giacomo 3:14-16).

Che ruolo gioca la lingua nella discussione di Giacomo sulla fede e sulle azioni?

- Giacomo collega la lingua all'espressione della fede e alla necessità che le azioni siano in linea con le parole (Giacomo 3:9-12).

Come descrive Giacomo la natura della lingua?

- Giacomo descrive la lingua come una parte piccola ma potente del corpo che può benedire e maledire (Giacomo 3:5-10).

Che consigli dà James a coloro che aspirano a diventare insegnanti?

- Giacomo consiglia agli aspiranti insegnanti di considerare il peso della loro responsabilità e il giudizio che dovranno affrontare per le loro parole e i loro insegnamenti (Giacomo 3:1).

In che modo James collega la saggezza con il comportamento?

- Giacomo sottolinea che la vera saggezza si dimostra nelle parole, nelle azioni e nel comportamento che riflettono i principi divini (Giacomo 3:13-18).

Secondo Giacomo, quali sono i frutti della saggezza dall'alto?

- I frutti della saggezza dall'alto includono giustizia, pace, misericordia e sincero interesse per gli altri (Giacomo 3:17-18).

A cosa Giacomo paragona la lingua per quanto riguarda il suo potenziale di danno e influenza?

- Giacomo paragona la lingua a una piccola scintilla che può accendere un grande fuoco, sottolineandone il potenziale di potere distruttivo (Giacomo 3:5-6).

In che modo l'insegnamento di Giacomo sulla lingua si collega ai temi più ampi della vita cristiana?

- L'insegnamento di Giacomo sulla lingua evidenzia l'importanza dell'integrità, dell'umiltà e della santa saggezza nel parlare e nella condotta, riflettendo la chiamata cristiana a vivere in un modo che onora Dio e promuove la pace (Giacomo 3:13-18).

Capitolo 4 Risposte

Cosa causa conflitti e litigi tra le persone, secondo Giacomo 4?

- James identifica i conflitti come derivanti da desideri egoistici che combattono all'interno degli individui.

Come descrive James coloro che sono amici del mondo?

- Giacomo li descrive come nemici di Dio, indicando che l'amicizia con il mondo è inimicizia con Dio.

Secondo Giacomo, cosa dà Dio agli umili?

- Dio dà grazia agli umili (Giacomo 4:6).

Cosa intende Giacomo con "purificare i vostri cuori"?

- James significa purificare i nostri atteggiamenti interiori e le nostre motivazioni dalla doppia mentalità e dai desideri mondani.

Da cosa mette in guardia Giacomo nel versetto 11 riguardo al parlare contro gli altri?

- Giacomo mette in guardia dal parlare male o dal giudicare gli altri, poiché questo ci pone al di sopra della legge e dei giudici.

In che modo Giacomo illustra la follia di vantarsi dei piani futuri senza riconoscere la sovranità di Dio?

- Giacomo usa l'esempio dei mercanti che si vantano dei loro piani senza riconoscere il controllo di Dio sui loro risultati futuri.

Cosa dice Giacomo riguardo al peccato di omissione nel capitolo 4?

- Giacomo evidenzia il peccato di sapere qual è la cosa giusta da fare (riconoscere la sovranità di Dio) ma non riuscire a farla.

Come conclude Giacomo il suo argomento sulla sottomissione a Dio?

- Giacomo conclude sottolineando che non sottomettersi a Dio, anche senza commettere un peccato palese, è peccaminoso.

Quale affermazione proverbiale usa Giacomo per concludere il capitolo 4?

- Giacomo conclude con l'affermazione proverbiale: «Perciò, chi sa fare il bene e non lo fa, commette peccato» (Giacomo 4:17).

Come descrive Giacomo l'atteggiamento corretto che i cristiani dovrebbero avere nei confronti della volontà di Dio?

- I cristiani dovrebbero dire: "Se il Signore vuole, vivremo e faremo questo o quello" (Giacomo 4:15), riconoscendo la sovranità di Dio nei loro piani.

Cosa spinge James a fare i suoi lettori invece di giudicarsi a vicenda?

- Giacomo esorta i suoi lettori a sottomettersi gli uni agli altri con umiltà e amore piuttosto che esprimere giudizi (Giacomo 4:12).

Secondo James, perché vantarsi dei progetti futuri senza riconoscere la sovranità di Dio è considerato un male?

- È considerato malvagio perché esalta se stessi al di sopra dell'autorità di Dio e nega la dipendenza da Lui (Giacomo 4:16).

Che ruolo gioca l'umiltà negli insegnamenti di Giacomo nel capitolo 4?

- L'umiltà è centrale negli insegnamenti di Giacomo poiché implica sottomettersi a Dio, resistere all'orgoglio e riconoscere la nostra dipendenza da Lui.

Come descrive James le conseguenze dell'amicizia con il mondo?

- L'amicizia con il mondo rende una persona nemica di Dio, poiché dà priorità ai desideri mondani rispetto all'obbedienza a Dio (Giacomo 4:4).

Cosa insegna Giacomo riguardo all'importanza di sottomettersi alla volontà di Dio?

- Giacomo insegna che sottomettersi alla volontà di Dio implica resistere al diavolo, avvicinarsi a Dio e purificare il proprio cuore (Giacomo 4:7-8).

Perché Giacomo sottolinea la brevità e l'incertezza della vita?

- Giacomo li sottolinea per evidenziare l'importanza di vivere in allineamento con la volontà di Dio e non presumere nel futuro (Giacomo 4:13-14).

Come illustra Giacomo la relazione tra l'umiltà e il ricevere la grazia?

- Giacomo insegna che Dio dà grazia agli umili ma si oppone ai superbi (Giacomo 4:6).

Cosa intende Giacomo con "purificare i vostri cuori"?

- Purificare il tuo cuore implica purificare le tue motivazioni e i tuoi desideri interiori, allineandoli alla volontà di Dio piuttosto che alle ambizioni egoistiche (Giacomo 4:8).

In che modo Giacomo utilizza i riferimenti dell'Antico Testamento per sostenere i suoi insegnamenti sull'umiltà e sulla sottomissione a Dio?

- Giacomo fa riferimento ai passaggi dell'Antico Testamento sulla gelosia di Dio e sull'opposizione agli orgogliosi per evidenziare l'importanza dell'umiltà e della sottomissione (Giacomo 4:5-6).

Quali consigli pratici dà Giacomo per vivere secondo la volontà di Dio nel capitolo 4?

- Giacomo consiglia ai suoi lettori di sottomettersi a Dio, resistere al diavolo, avvicinarsi a Dio attraverso la preghiera e il pentimento e astenersi dal parlare male contro gli altri (Giacomo 4:7-12).

Capitolo 5 Risposte

Cosa insegna Giacomo riguardo alla ricchezza e alla sua natura temporale?

- Giacomo avverte i ricchi di piangere e urlare per le miserie che si abbatteranno su di loro perché la loro ricchezza perirà e le loro ricchezze si corroderanno (Giacomo 5:1-3).

Cosa dice James riguardo ai salari dei lavoratori che sono stati trattenuti?

- Giacomo condanna i ricchi che trattengono la paga dei loro lavoratori, dichiarando che le loro grida sono giunte alle orecchie del Signore di Sabaoth (Giacomo 5:4).

In che modo Giacomo incoraggia i credenti che soffrono?

- Giacomo li incoraggia ad essere pazienti, come il contadino che aspetta il prezioso frutto della terra, e a rafforzare i loro cuori, perché la venuta del Signore è vicina (Giacomo 5:7-8).

Cosa sottolinea Giacomo riguardo alla pazienza nella sofferenza?

- Giacomo sottolinea che i credenti non dovrebbero lamentarsi gli uni contro gli altri ma dovrebbero essere pazienti, come i profeti che parlarono nel nome del Signore (Giacomo 5:9).

Cosa comanda Giacomo a coloro che soffrono?

- James ordina loro di pregare. Li incoraggia a cantare lodi se sono allegri e a chiamare gli anziani della chiesa a pregare su di loro e ungerli con olio nel nome del Signore (Giacomo 5:13-14).

Qual è la promessa associata alla preghiera della fede?

- Giacomo promette che la preghiera della fede salverà i malati e il Signore li risusciterà. Assicura anche che saranno perdonati se hanno commesso dei peccati (Giacomo 5:15).

Quale esempio fornisce Giacomo per illustrare il potere della preghiera?

- Giacomo usa Elia come esempio, sottolineando come Elia pregò sinceramente affinché non piovesse, e non piovve per tre anni e mezzo. Poi pregò di nuovo e i cieli diedero la pioggia (Giacomo 5:17-18).

Cosa comanda Giacomo ai credenti se qualcuno si allontana dalla verità?

- Giacomo ordina ai credenti di riportare indietro colui che si allontana dalla verità, sapendo che chiunque riporta indietro un peccatore dall'erranza salverà la sua anima dalla morte e coprirà molti peccati (Giacomo

5:19-20).

Cosa dice Giacomo riguardo ai giuramenti?

- Giacomo consiglia ai credenti di non giurare, né per il cielo né per la terra, ma di lasciare che il loro "sì" sia sì e il loro "no" sia no, per non cadere in giudizio (Giacomo 5:12).

Come descrive Giacomo la preghiera efficace di una persona giusta?

- Giacomo la descrive come potente ed efficace, affermando che la preghiera fervente di una persona giusta ha un grande potere poiché funziona (Giacomo 5:16).

Cosa dice James riguardo al lamentarsi l'uno contro l'altro?

- Giacomo mette in guardia dal mormorare gli uni contro gli altri, esortando i credenti ad essere pazienti fino alla venuta del Signore (Giacomo 5:9).

Cosa dice Giacomo di coloro che hanno vissuto nel lusso e nell'autoindulgenza?

- Giacomo condanna coloro che hanno vissuto nel lusso e nell'autoindulgenza, avvertendoli delle miserie che li attendono a causa dell'oppressione e dello sfruttamento degli altri (Giacomo 5:5).

Cosa dice Giacomo riguardo alla preghiera offerta con fede?

- Giacomo assicura che la preghiera offerta con fede salverà i malati e il Signore li risusciterà; inoltre, se hanno commesso peccati, saranno perdonati (Giacomo 5:15).

Quale esempio tratto dall'Antico Testamento utilizza Giacomo per illustrare il suo insegnamento sulla preghiera?

- Giacomo usa Elia come esempio di persona giusta la cui preghiera era potente ed efficace, portando risultati significativi (Giacomo 5:17-18).

Come descrive Giacomo la venuta del Signore?

- Giacomo lo descrive come vicino, esortando i credenti ad essere pazienti e a rafforzare i loro cuori di fronte alla sofferenza e alle prove (Giacomo 5:7-8).

Cosa dice Giacomo dei ricchi che opprimono gli altri?

- Giacomo condanna i ricchi che opprimono gli altri e trattengono i loro salari, avvertendoli del giudizio imminente e delle miserie che li attendono (Giacomo 5:1-6).

Quali istruzioni dà Giacomo riguardo ai giuramenti?

- Giacomo istruisce i credenti a non giurare sul cielo, sulla terra o su qualsiasi altro giuramento, ma a lasciare che il loro sì e no siano sì per evitare di cadere in giudizio (Giacomo 5:12).

Cosa dice Giacomo riguardo al confessarsi i peccati gli uni agli altri?

- Giacomo istruisce i credenti a confessare i propri peccati gli uni agli altri e a pregare l'uno per l'altro per essere guariti, sottolineando l'importanza della preghiera e del sostegno reciproco (Giacomo 5:16).

Qual è la promessa associata al riportare indietro un vagabondo dalla verità?

- Giacomo promette che chiunque riporti un peccatore dal peccato salverà la sua anima dalla morte e coprirà molti peccati (Giacomo 5:20).

Qual è il tema generale del capitolo 5 di Giacomo?

- Il tema generale è l'appello alla pazienza, alla preghiera e alla perseveranza di fronte alla sofferenza e alle prove, concentrandosi sull'imminente giudizio di Dio e sull'importanza di una vita retta.

Metti alla prova le tue risposte sulla conoscenza

<u>Domande Vero o Falso</u>

Vero o falso: Giacomo, l'autore dell'epistola, si identifica come il fratello di Gesù.
Risposta: Vero (Giacomo 1:1)

Vero o falso: secondo James, le prove e le prove dovrebbero essere considerate gioia perché producono resistenza e maturità.
Risposta: Vero (Giacomo 1:2-4)

Vero o falso: Giacomo insegna che Dio tenta le persone con desideri malvagi per mettere alla prova la loro fede.
Risposta: Falso (Giacomo 1:13)

Vero o falso: Giacomo mette in guardia dal limitarsi ad ascoltare la parola senza fare ciò che dice, paragonandolo al guardarsi allo specchio e dimenticare il proprio aspetto.
Risposta: Vero (Giacomo 1:22-24)

Vero o falso: Giacomo sostiene che la fede senza le opere è morta, usando l'esempio di Abramo che offre Isacco come prova che la fede è dimostrata dalle azioni.
Risposta: Vero (Giacomo 2:21-24)

Vero o falso: Giacomo condanna il favoritismo mostrato ai ricchi nelle riunioni ecclesiali e sollecita a trattare tutte le persone allo stesso modo.
Risposta: Vero (Giacomo 2:1-9)

Vero o falso: secondo Giacomo la lingua è una piccola parte del corpo ma può vantarsi di grandi cose e infiammare tutto il corso della propria vita.
Risposta: Vero (Giacomo 3:5-6)

Vero o falso: Giacomo insegna che la saggezza terrena porta alla pace e all'armonia tra i credenti.
Risposta: Falso (Giacomo 3:14-16)

Vero o falso: Giacomo incoraggia i credenti a resistere al diavolo, ad avvicinarsi a Dio e a purificare i loro cuori, mettendo in guardia contro la doppiezza mentale .

Risposta: Vero (Giacomo 4:7-8)

Vero o falso: Giacomo critica chi si vanta dei propri progetti per il futuro senza riconoscere la volontà di Dio.

Risposta: Vero (Giacomo 4:13-17)

Vero o falso: James denuncia i ricchi oppressori che hanno accumulato ricchezza a scapito del pagamento di salari equi ai loro lavoratori.

Risposta: Vero (Giacomo 5:1-6)

Vero o falso: Giacomo incoraggia la pazienza e la perseveranza nella sofferenza, usando i profeti e Giobbe come esempi di perseveranza.

Risposta: Vero (Giacomo 5:7-11)

Vero o falso: secondo James, prestare giuramento è accettabile quando si fanno promesse o impegni importanti.

Risposta: Falso (Giacomo 5:12)

Vero o falso: Giacomo insegna che la preghiera offerta con fede può guarire i malati e risanarli, incoraggiando i credenti a confessare i propri peccati gli uni agli altri per la guarigione.

Risposta: Vero (Giacomo 5:13-16)

Vero o falso: Giacomo afferma che Elia era un uomo con una natura come la nostra, evidenziando la potenza delle sue preghiere come esempio di preghiera efficace e fervente.

Risposta: Vero (Giacomo 5:17-18)

Vero o falso: Giacomo conclude la sua epistola esortando i credenti a riportare indietro coloro che si sono allontanati dalla verità e a coprire molti peccati attraverso l'amore e il perdono.

Risposta: Vero (Giacomo 5:19-20)

Vero o falso: Giacomo sottolinea che la saggezza terrena, caratterizzata da invidia e ambizione egoistica, è migliore della saggezza dall'alto, che è pura e pacifica.

Risposta: Falso (Giacomo 3:13-17)

Vero o falso: Giacomo incoraggia i credenti ad essere pronti ad ascoltare, lenti a parlare e lenti ad arrabbiarsi, sottolineando l'importanza di controllare la propria lingua.

Risposta: Vero (Giacomo 1:19)

Vero o falso: secondo James, la vera religione include prendersi cura delle vedove e degli orfani e mantenersi puri dal mondo.

Risposta: Vero (Giacomo 1:27)

Vero o falso: Giacomo insegna che una persona che sa il bene che deve fare e non lo fa pecca.

Risposta: Vero (Giacomo 4:17)

<u>**Domande a scelta multipla**</u>

Secondo Giacomo, quale dovrebbe essere la risposta dei credenti che affrontano le prove?

- A) Amarezza
- B) Gioia
- C) Risentimento
- D) Indifferenza
- **Risposta: B** (Giacomo 1:2)

Secondo James, cosa dovrebbe chiedere una persona quando manca di saggezza?

- R) Pazienza
- B) Ricchezza
- C) Dubbio
- D) La saggezza di Dio
- **Risposta: D** (Giacomo 1:5)

A cosa Giacomo paragona la fede senza le opere?

- A) Un cadavere
- B) Una nuvola senza pioggia
- C) Un'ombra nella notte
- D) Un momento fugace
- **Risposta: A** (Giacomo 2:26)

James mette in guardia dal mostrare favoritismi verso chi?

- A) I poveri
- B) I ricchi
- C) Gli anziani
- D) I malati
- **Risposta: B** (Giacomo 2:1-4)

Cosa dice James che è una piccola parte del corpo ma che vanta grandi cose?

- A) La lingua
- B) Il cuore
- C) La mano
- D) L'occhio
- **Risposta: A** (Giacomo 3:5)

Secondo Giacomo, quale tipo di saggezza porta al disordine e ad ogni pratica malvagia?

- A) Saggezza terrena
- B) Saggezza celeste
- C) Saggezza intellettuale
- D) Saggezza morale
- **Risposta: A** (Giacomo 3:15)

Cosa chiede Giacomo ai credenti di fare in risposta alla sofferenza e ai problemi?

- A) Cercare vendetta
- B) Conta tutta la gioia
- C) Lamentarsi ad alta voce
- D) Nascondersi da esso
- **Risposta: B** (Giacomo 1:2-4)

James incoraggia i credenti ad essere operatori della parola, non solo _____.

- A) Uditori
- B) Pensatori
- C) Lettori
- D) Scrittori
- **Risposta: A** (Giacomo 1:22)

Quale delle seguenti parole, secondo James, non dovrebbe provenire dalla stessa bocca?

- A) Benedizione e maledizione
- B) Lodare e criticare
- C) Parlare e ascoltare
- D) Insegnare e apprendere
- **Risposta: A** (Giacomo 3:10)

James paragona la vita dei ricchi a cosa?

- A) Una brezza passeggera
- B) Un fiore che appassisce
- C) Un leone ruggente
- D) Un'ombra fugace
- **Risposta: D** (Giacomo 1:10-11)

Qual è, secondo Giacomo, la fonte delle liti e dei conflitti tra i credenti?

- A) Invidia e ambizione egoistica
- B) Mancanza di preghiera
- C) Scarsa leadership
- D) Ignoranza delle Scritture
- **Risposta: A** (Giacomo 4:1-2)

Giacomo insegna che la preghiera della fede chi salverà?

- A) I ricchi e i potenti
- B) Il giusto e il santo
- C) I malati e i sofferenti
- D) Gli anziani e i saggi
- **Risposta: C** (Giacomo 5:15)

Cosa dice Giacomo che si dovrebbe fare per qualcuno malato tra i credenti?

- R) Dovrebbero pregare da soli
- B) Invitare gli anziani della chiesa a pregare e ungerli con olio
- C) Rivolgersi esclusivamente al medico

- D) Ignorare la loro malattia
- **Risposta: B** (Giacomo 5:14)

James condanna coloro che pianificano la propria vita senza riconoscere la volontà di chi?

- A) Loro
- B) Del governo
- C) Di Dio
- D) Del destino
- **Risposta: C** (Giacomo 4:13-15)

Che cosa secondo Giacomo è la religione pura e incontaminata davanti a Dio?

- A) Astenersi dai piaceri mondani
- B) Visitare gli orfani e le vedove in difficoltà
- C) Digiunare e pregare ogni giorno
- D) Donare generosamente alla Chiesa
- **Risposta: B** (Giacomo 1:27)

Secondo James, perché i credenti dovrebbero essere lenti a parlare e lenti all'ira?

- A) Per evitare di offendere gli altri
- B) Coltivare la saggezza e la rettitudine
- C) Mantenere un ambiente pacifico
- D) Dimostrare umiltà e mitezza
- **Risposta: B** (Giacomo 1:19-20)

James avverte che l'amicizia con il mondo è cosa?

- R) Innocuo
- B) Redditizio
- C) Inimicizia con Dio
- D) Un segno di maturità
- **Risposta: C** (Giacomo 4:4)

Giacomo istruisce i credenti a sottomettersi a Dio e a resistere a chi?

- R) Il diavolo
- B) I loro coetanei
- C) Figure di autorità
- D) I propri desideri
- **Risposta: A** (Giacomo 4:7)

Secondo Giacomo, cosa è il risultato della pazienza e della perseveranza nella sofferenza?

- A) Ricchezza e prosperità
- B) Felicità e realizzazione
- C) Vita eterna
- D) Corona della vita
- **Risposta: D** (Giacomo 1:12)

Secondo James, cosa dovrebbe fare una persona se conosce il bene che dovrebbe fare e non lo fa?

- A) Pentirsi e confessarsi
- B) Cercare il perdono di Dio
- C) Pregare per avere forza
- D) Per loro è un peccato
- **Risposta: D** (Giacomo 4:17)

<u>Domande da riempire</u>

James inizia la sua lettera incoraggiando i credenti a considerarlo puro __________ ogni volta che affrontano prove di vario tipo.

Risposta: gioia (Giacomo 1:2)

"Non limitatevi ad ascoltare la parola per ingannare voi stessi. __________ essa."

Risposta: Fai cosa (Giacomo 1:22)

"La religione che Dio nostro Padre accetta come pura e irreprensibile è questa: prendersi cura degli orfani e delle vedove nelle loro distrette e astenersi da __________."

Risposta: essere inquinati dal mondo (Giacomo 1:27)

"Ma l'uomo che guarda attentamente la legge perfetta che dà la libertà e continua a fare questo, non dimenticando ciò che ha udito, ma facendolo—__________—sarà beato in quello che fa."

Risposta: sarà benedetto in ciò che fa (Giacomo 1:25)

"A che serve, fratelli miei, se uno dice di avere fede ma non ha __________?"

Risposta: le azioni (Giacomo 2:14)

"Vedi che una persona è giustificata da ciò che fa e non solo da __________."

Risposta: fede (Giacomo 2:24)

"Ma la saggezza che viene dal cielo è prima di tutto __________."

Risposta: puro (Giacomo 3:17)

"Sottomettetevi dunque a Dio. __________ ed egli fuggirà da voi."

Risposta: Resistere al diavolo (Giacomo 4:7)

"Qualcuno di voi è nei guai? Dovrebbe __________."

Risposta: pregare (Giacomo 5:13)

" Confessatevi dunque a vicenda i vostri peccati e __________."

Risposta: pregare gli uni per gli altri (Giacomo 5:16)

"La preghiera di un uomo giusto è __________."

Risposta: potente ed efficace (Giacomo 5:16)

"Elia era un uomo proprio come noi. Pregò sinceramente che non __________, e non piovve sulla terra per tre anni e mezzo."

Risposta: pioggia (Giacomo 5:17)

"Fratelli miei, se uno di voi dovesse allontanarsi dalla verità e qualcuno lo riconducesse indietro, ricordatevi questo: chi distoglie un peccatore dal suo errore, lo salverà da __________."

Risposta: la morte (Giacomo 5:19-20)

"Soprattutto, fratelli miei, non giurate, né sul cielo, né sulla terra, né su qualsiasi altra cosa. Lasciate che il vostro 'Sì' sia __________."

Risposta: sì, e il tuo "no" no (Giacomo 5:12)

"Siate dunque pazienti, fratelli, fino alla venuta del Signore. Ecco come il contadino __________."

Risposta: aspetta che la terra dia il suo prezioso raccolto (Giacomo 5:7)

"Anche la lingua è un __________, un mondo di male tra le parti del corpo."

Risposta: piccola parte (Giacomo 3:6)

"Non hai perché non __________."

Risposta: chiedi (Giacomo 4:2)

"Umiliatevi davanti al Signore, ed egli __________."

Risposta: sollevati (Giacomo 4:10)

"Ma la saggezza che viene dal cielo è __________."

Risposta: prima di tutto puro (Giacomo 3:17)

" Confessate dunque i vostri peccati gli uni agli altri e pregate gli uni per gli altri affinché possiate essere __________."

Risposta: guarito (Giacomo 5:16)

Domande a risposta breve

Cosa dice Giacomo riguardo alle prove e al loro scopo?

Risposta: Giacomo insegna che le prove producono perseveranza e maturità nella fede (Giacomo 1:2-4).

Secondo Giacomo, quale dovrebbe essere la nostra risposta alla parola di Dio?

Risposta: Non dovremmo limitarci ad ascoltare la parola di Dio, ma anche fare ciò che dice (Giacomo 1:22).

Come descrive Giacomo la religione pura?

Risposta: La religione pura e irreprensibile implica prendersi cura delle vedove e degli orfani in difficoltà e evitare di essere contaminati dal mondo (Giacomo 1:27).

Quale avvertimento dà Giacomo riguardo alla lingua?

Risposta: Giacomo avverte che la lingua, anche se piccola, può causare grandi danni, come una piccola scintilla che incendia una foresta (Giacomo 3:5-6).

Come descrive Giacomo la fede senza le opere?

Risposta: Giacomo descrive la fede senza azioni come morta e inutile (Giacomo 2:17).

Quale esempio usa Giacomo per illustrare la fede e le opere?

Risposta: Giacomo usa l'esempio di Abramo che offre Isacco per dimostrare che la fede senza le opere è incompleta (Giacomo 2:21-23).

Cosa insegna James sull'amicizia con il mondo?

Risposta: Giacomo avverte che l'amicizia con il mondo è inimicizia con Dio, e chiunque voglia essere amico del mondo diventa nemico di Dio (Giacomo 4:4).

Secondo James, come dovrebbero i credenti gestire i conflitti e i litigi?

Risposta: I credenti dovrebbero ricercare la saggezza di Dio e non permettere che la gelosia e l'ambizione egoistica portino a conflitti (Giacomo 3:13-18; 4:1-3).

Cosa insegna Giacomo riguardo alla pazienza e alla perseveranza nelle prove?

Risposta: Giacomo incoraggia i credenti ad essere pazienti e a sopportare le prove, sapendo che il Signore è compassionevole e misericordioso (Giacomo 5:7-11).

Come descrive Giacomo la preghiera?

Risposta: Giacomo descrive la preghiera come potente ed efficace, specialmente la preghiera di una persona giusta (Giacomo 5:16).

Cosa dice James riguardo al vantarsi del futuro?

Risposta: Giacomo mette in guardia dal vantarsi del domani perché la vita è incerta e dipendente dalla volontà di Dio (Giacomo 4:13-15).

Secondo James, come dovrebbero i credenti trattare i poveri e i ricchi?

Risposta: Giacomo insegna che i credenti non dovrebbero mostrare favoritismi basati sulla ricchezza ma trattare tutti allo stesso modo, con amore e rispetto (Giacomo 2:1-9).

Che consigli dà Giacomo riguardo ai giuramenti?

Risposta: Giacomo consiglia di non fare giuramenti, esortando i credenti a lasciare che il loro "Sì" sia sì e il loro "No" sia no (Giacomo 5:12).

Come definisce Giacomo la vera saggezza?

Risposta: La vera saggezza, secondo Giacomo, è caratterizzata da purezza, tranquillità , gentilezza e disponibilità a cedere agli altri (Giacomo 3:17).

Cosa dice Giacomo dei ricchi che opprimono i poveri?

Risposta: Giacomo condanna i ricchi che opprimono i poveri, avvertendo del giudizio e della natura fugace della ricchezza (Giacomo 5:1-6).

Secondo Giacomo, come dovrebbero rispondere i credenti al peccato?

Risposta: I credenti dovrebbero confessare i propri peccati gli uni agli altri e pregare l'uno per l'altro per la guarigione e il perdono (Giacomo 5:16).

Come descrive Giacomo il giusto atteggiamento verso la legge di Dio?

Risposta: Giacomo insegna che i credenti dovrebbero adempiere la legge reale dell'amore e non mostrare parzialità, adempiendo la legge di Cristo (Giacomo 2:8-9).

Cosa dice Giacomo sulla fede e sulle opere riguardo alla giustificazione?

Risposta: Giacomo sostiene che la fede senza le opere è morta, illustrando che la fede genuina è dimostrata dalle azioni (Giacomo 2:14-26).

In che modo Giacomo incoraggia i credenti a sopportare sofferenze e prove?

Risposta: Giacomo incoraggia i credenti a considerare tutta una gioia quando affrontano le prove, sapendo che le prove producono fermezza e maturità (Giacomo 1:2-4).

Cosa insegna Giacomo riguardo al potere della preghiera riguardo a Elia?

Risposta: Giacomo insegna che la preghiera di Elia era potente ed efficace, dimostrando l'efficacia della preghiera fervente offerta con fede (Giacomo 5:17-18).